TRADUÇÃO DIRETA DO GREGO, INTRODUÇÃO E NOTAS POR
NEIDE SMOLKA
Doutora em Língua e Literatura Grega
pela Universidade de São Paulo

Esopo

FÁBULAS COMPLETAS

3ª edição

Ilustrações de
Claudia Scatamacchia

COORDENAÇÃO EDITORIAL Maristela Petrili de Almeida Leite
EDIÇÃO DE TEXTO Marília Mendes
ASSISTÊNCIA EDITORIAL Ana Caroline Eden
COORDENAÇÃO DE EDIÇÃO DE ARTE Camila Fiorenza
PROJETO GRÁFICO e DIAGRAMAÇÃO Isabela Jordani
ILUSTRAÇÕES DE MIOLO Claudia Scatamacchia
COORDENAÇÃO DE REVISÃO Elaine Cristina del Nero
REVISÃO Sandra G. Cortés, Vera Rodrigues
COORDENAÇÃO DE *BUREAU* Rubens M. Rodrigues
PRÉ-IMPRESSÃO Everton L. de Oliveira, Vitória Sousa
COORDENAÇÃO DE PRODUÇÃO INDUSTRIAL Wendell Jim C. Monteiro
IMPRESSÃO E ACABAMENTO EGB Editora Gráfica Bernardi Ltda.
LOTE 754762/754763
COD 12122393/13122393

Dados Internacionais de Catalogação na Publicação (CIP)
(Câmara Brasileira do Livro, SP, Brasil)

Esopo
  Esopo : fábulas completas / Esopo ; tradução direta do grego, introdução e notas por Neide Smolka ; ilustrações de Claudia Scatamacchia. — 3. ed. — São Paulo, SP : Moderna, 2022.

Bibliografia.
ISBN 978-85-16-12239-3

1. Fábulas – Literatura infantojuvenil 2. Fábulas gregas I. Smolka, Neide. II. Scatamacchia, Claudia. III. Título.

21-88625   CDD-028.5

Índices para catálogo sistemático:
1. Fábulas : Literatura infantojuvenil   028.5
2. Fábulas : Literatura juvenil   028.5
Eliete Marques da Silva - Bibliotecária - CRB-8/9380

Reprodução proibida. Art.184 do Código Penal e Lei 9.610 de 19 de fevereiro de 1998.

Todos os direitos reservados
EDITORA MODERNA LTDA.
Rua Padre Adelino, 758 - Quarta Parada
São Paulo - SP - Brasil - CEP 03303-904
Vendas e Atendimento: Tel. (11) 2790-1300
www.moderna.com.br
2022

Para meus netos Álvaro e João Paulo

Espero que, ao lerem esta tradução das fábulas de Esopo, aprendam, das muitas lições de vida que aqui estão, que a sensatez e a prudência são realmente a base para que vocês, meus queridos, se tornem efetivamente homens de bem.

Neide Smolka

ESOPO FÁBULAS COMPLETAS 4

ESOPO
FÁBULAS COMPLETAS
Neide Smolka

INTRODUÇÃO

Quando apresentei, na área de Letras da Universidade de São Paulo, minha tese de doutoramento sobre Heródoto, em 1972, já me interessava, e muito, em traduzir as fábulas de Esopo, como exemplo das primeiras criações em prosa entre os gregos, pois até então — século VI a.C. — o pensamento helênico se dirigia mais à ficção através da poesia.

A preocupação com a ciência moral, histórica e filosófica começa a fluir no mundo grego em pequenos textos em prosa criados pelos chamados Sete Sábios da Grécia[1] e através das Fábulas de Esopo, até chegarmos a Heródoto (século V a.C.), que escreveu o primeiro grande livro em prosa do mundo antigo.

Quanto aos Sete Sábios da Grécia, a eles se atribuem máximas como as seguintes: "Gnothi seautón" ("Conhece-te a ti mesmo") e "Medén ágan" ("Nada em excesso"). Já Esopo teria sido o grande criador de fábulas ou apólogos, pequenas histórias em que deuses, homens, animais, vegetais e objetos em geral conversam e discutem principalmente sobre problemas de moral prática.

Passou-se muito tempo desde aquele meu trabalho sobre Heródoto, mas agora, no exercício da Assessoria Pedagógica Geral do Colégio do Carmo, em Santos (SP), vieram somar-se àquele meu interesse acadêmico a consciência e a certeza da importância do conhecimento da obra de Esopo pelas nossas crianças, jovens e a sociedade em geral, pela forma fácil e agradável com que aquele autor nos dá lições de moral através de pequenas histórias, algumas facilmente dramatizáveis, e que nos levam a pensar sobre problemas de conduta e de modo de ser.

É com o sentimento de realização que vejo aquele antigo projeto concretizar-se na presente tradução, feita diretamente do grego. Pelo que sei, as 358 fábulas que constam do livro *Fables*, de Esopo, traduzidas do grego para o francês pelo grande helenista Émile Chambry, nunca o foram para o português, sobretudo traduzidas diretamente do grego.

---

[1] Há muita divergência sobre quem teriam sido os Sete Sábios da Grécia. Os citados por todos os autores gregos da Antiguidade são: Tales de Mileto, Bias de Priene, Periandro de Corinto e Sólão de Atenas.

Hoje são raríssimas as fábulas de Esopo realmente conhecidas. E as conhecemos, na maioria dos casos, por seus seguidores, Fedro, poeta latino, do século I d.C., La Fontaine, do século XVII, e, no Brasil, Monteiro Lobato, através de sua personagem Emília.

Assim, julgo ser este trabalho efetivamente uma contribuição importante para escolas do Fundamental I, II e Ensino Médio, para alunos de cursos superiores de Artes, Letras, Estudos Sociais, Filosofia e outros e, é claro, também para todos os que amam o mundo grego ou simplesmente gostam de contar e de ouvir histórias. Graças à inestimável colaboração de Margaret Presser, a querida Meg da Editora Moderna, essas histórias passaram a fluir, sobretudo do ponto de vista da linguagem falada, em um português bastante agradável, quebrando, em certos momentos, a rigidez e mesmo a aridez da forma original grega, tornando as fábulas de Esopo mais sonoras e mais gostosas de ler e de ouvir.

Finalmente, não posso deixar de fazer um agradecimento muito especial ao meu companheiro há quase quarenta anos, o jornalista e professor universitário Walter Sampaio, que tem sido o grande incentivador de minha vida profissional, que ele acompanha não como mero espectador, mas com efetiva participação.

DADOS PRELIMINARES

ESOPO

Muito se discute até hoje sobre a existência ou não de Esopo. Quem primeiro fala sobre ele é justamente Heródoto[2], para explicar que os egípcios estão enganados quando dizem que o faraó Miquerinos dedicou à cortesã Rodópis a pirâmide que mandara construir. Heródoto esclarece que Rodópis vivera bem depois, na época de Amásis, e que fora companheira de escravidão de Esopo, o contador de fábulas, ambos escravos

---

[2] In Heródoto, Livro II, cap. 134.

ESOPO
FÁBULAS COMPLETAS
Neide Smolka

do sâmio Iadmôn. E diz ainda que os habitantes de Delfos[3], por ordem divina, haviam chamado o seu antigo dono para receber o prêmio pelo sangue de Esopo, como era costume. Não comenta Heródoto a razão pela qual Esopo fora morto, talvez por tratar-se de algo já bem conhecido dos gregos.

Quem comenta pela primeira vez a razão da morte do fabulista é Heráclides do Ponto[4], da época alexandrina, dizendo que Esopo havia roubado um objeto sagrado. E o escoliasta Aristófanes[5], também daquela época, explica com mais pormenores o que teria acontecido. Diz ele que Esopo, visitando Delfos, escarneceu de seus habitantes porque não trabalhavam: viviam das oferendas feitas ao deus Apolo. Irritados, colocaram uma taça sagrada entre os pertences de Esopo, que, ao sair de Delfos, foi apanhado e acusado de roubar um objeto sagrado. Como era costume no caso de sacrílegos, Esopo teria sido atirado do alto de um rochedo.

Quanto à sua terra natal, dizem que Esopo teria nascido na Trácia, na Lídia ou na Frígia, regiões da Ásia Menor, no século VI a.C. Homem de muita cultura e muita criatividade, teria sido levado como escravo para a Grécia, onde se diz que foi muito prestigiado pelos atenienses.

Como se sabe, Atenas, na Antiguidade (séculos VI e V a.C.), era lugar de encontro de vários escritores e artistas. Diziam que Esopo havia sido hóspede brilhante da cidade e que, inclusive, lhe fora erigida uma estátua, feita pelo célebre escultor Lisipes.

Essa estátua representava um homem, pode-se dizer, normal. Por isso, quando, no século IV d.C., surgiram notícias de que Esopo fora um ser disforme, só podemos supor que se tratasse de uma lenda, muito comum na época, sobre figuras ilustres que passavam a ser representadas sob a forma de caricaturas.

---

[3] Delfos era uma cidade da Fócida onde estava o mais importante oráculo da Grécia. Famoso em todo o mundo antigo por suas profecias, muitas pessoas, inclusive estrangeiros, o procuravam, desde reis, para saber se entravam ou não em guerra contra inimigos, até pessoas simples que tivessem perdido um objeto de estimação.

[4] Historiador da época alexandrina.

[5] Aristófanes, escoliasta (estudioso de textos antigos), viveu no século III a.C.

O que sabemos é que Plutarco[6], que viveu mais ou menos entre 46 e 120, ao relatar uma história de Esopo, ainda o apresenta sem qualquer deformidade. Só no século IV de nossa era é que Himério, sofista que exercia a profissão de professor, descreve Esopo, dizendo que não só ele fazia rir através de suas fábulas, mas seu rosto e sua voz eram objeto de riso e de zombaria.

No século XIV, o monge Planudes escreve uma Vida de Esopo e o apresenta com as seguintes características: "Esopo era o mais feio de seus contemporâneos, tinha a cabeça em ponta, nariz esborrachado, o pescoço muito curto, os lábios salientes, a tez escura... barrigudo, pernas tortas, encurvado... e, pior ainda, era lento para expressar-se e sua fala era confusa e desarticulada".

Como quer que tenha sido, o fato é que Esopo deixou uma obra monumental que encerra visão crítica extraordinária da natureza humana e lições de moral que hoje, decorridos mais de 25 séculos, são, no mínimo, de rara beleza e impressionante atualidade.

FÁBULA

A fábula veio do conto, que, por sua vez, existe desde que o homem começou a expressar-se através da fala. A diferença entre eles não é que o conto relata fatos humanos e a fábula, pequenas histórias de animais. Há muitos contos populares que falam de homens e animais, enquanto a fábula, por sua vez, relata fatos acontecidos a deuses, homens, animais e objetos em geral.

A fábula diferencia-se do conto quando o seu contador tira do fato relatado uma lição de moral. E, nas 358 fábulas aqui apresentadas, evidencia-se que são tão mais criativas e profundas quando, através de discussões entre animais irracionais ou entre objetos e por meio de seu comportamento e suas atitudes, o autor consegue fazer com que os homens efetivamente reflitam e se conscientizem da incoerência de sua conduta e de seu relacionamento social, apesar de serem os únicos animais racionais que vivem na natureza.

---

[6] Plutarco escreveu, entre outras obras, *Vidas paralelas*, com 46 biografias de gregos e romanos famosos.

ESOPO
FÁBULAS COMPLETAS
Neide Smolka

A fábula teria nascido provavelmente na Ásia Menor e daí teria passado pelas ilhas gregas, chegando ao continente helênico. Há registros sobre fábulas egípcias e hindus, mas sua criação é atribuída à Grécia, pois é onde a fábula passa a ser considerada um tipo específico de criatividade dentro da teoria literária.

Na Grécia, os primeiros exemplos de fábula datam do século VIII a.C. Isso nos mostra, é claro, que Esopo não foi o inventor do gênero, mas sim o mais conhecido fabulista da Antiguidade como autor e narrador dessas pequenas histórias.

Apesar de algumas dessas fábulas terem surgido escritas já no século VI a.C. e de apenas entre os séculos XII e XIV terem sido coletados e redigidos mais de quarenta manuscritos (códices) contendo um bom número de fábulas, não se sabe até hoje qual o número real das histórias criadas por Esopo.

O grande estudioso de Esopo em nossos dias, Émile Chambry, pesquisou um grande número daqueles manuscritos. Profundo conhecedor da língua e da cultura gregas e de excelente formação filológica, Chambry verificou que todos os manuscritos estavam incompletos, pois algumas fábulas conhecidas e mesmo comentadas por autores da Antiguidade e da época alexandrina (323-43 a.C.) não eram de Esopo; outras, de sua autoria, não constam de nenhum manuscrito.

Ao publicar, em 1925, *Aesopi — Fabulae*, tanto o estudo crítico do texto como a sua tradução, optou Chambry por trabalhar com as 358 fábulas que levam como título *Aisópou Mythoi (Fábulas de Esopo)*. Fez tal opção mesmo no caso de algumas fábulas em que faltava, ao final do texto, a lição de moral. São elas: "O boiadeiro e Héracles", "Diógenes e o calvo", "O eunuco e o sacrificador", "O gaio que escapou", "O mosquito e o leão", "O lobo (contente com sua própria sombra) e o leão", "As árvores e a oliveira", "O burro e o cão viajando juntos", "A criança e o corvo", "A muralha e a cavilha" e "O inverno e a primavera".

É interessante salientar que a importância que se dava à lição de moral das fábulas era tamanha, que os copistas da Idade Média costumavam escrevê-la com letras vermelhas ou douradas, enquanto o texto era em preto. Algumas vezes, entretanto, o copista deixava em branco o espaço destinado à lição de moral, começando novo texto em preto para, depois, usar a tinta vermelha ou dourada de uma só vez. Com isso, em raríssimos casos de esquecimento, foram omitidas em algumas fábulas as respectivas lições de moral.

A presente tradução, feita a partir da língua original, vem justamente do livro bilíngue de Chambry, obedecendo, da mesma forma que ele o fez na sua tradução para o francês, à ordem alfabética das histórias em grego e com o mesmo número de fábulas com as quais ele trabalhou.

AESOPI FABVLAE AD LITTERAM DIGESTAE

1
Ἀγαθὰ καὶ κακά.

Ὑπὸ τῶν κακῶν τὰ ἀγαθὰ ἐδιώχθη ὡς ἀσθενῆ ὄντα· εἰς οὐρανὸν δὲ ἀνῆλθεν. Τὰ δὲ ἀγαθὰ ἠρώτησαν τὸν Δία πῶς εἶναι μετ' ἀνθρώπων. Ὁ δὲ εἶπεν (μὴ) μετ' ἀλλήλων πάντα, ἓν δὲ καθ' ἓν τοῖς ἀνθρώποις ἐπέρχεσθαι. Διὰ τοῦτο τὰ μὲν κακὰ συνεχῆ τοῖς ἀνθρώποις, ὡς πλησίον ὄντα, ἐπέρχεται, τὰ δὲ ἀγαθὰ βράδιον, ἐξ οὐρανοῦ κατιόντα.

Ὅτι ἀγαθῶν μὲν οὐδεὶς ταχέως ἐπιτυγχάνει, ὑπὸ δὲ τῶν κακῶν ἕκαστος καθ' ἑκάστην πλήττεται.

2
Ἀγαλματοπώλης.

Ξύλινόν τις Ἑρμῆν κατασκευάσας καὶ προσενεγκὼν εἰς ἀγορὰν ἐπώλει· μηδενὸς δὲ ὠνητοῦ προσιόντος, ἐκκαλέσασθαί τινας βουλόμενος, ἐβόα ὡς ἀγαθοποιὸν δαίμονα καὶ κέρδους δωρητικὸν πιπράσκει. Τῶν δὲ παρατυχόντων τινὸς εἰπόντος πρὸς αὐτόν· « Ὦ οὗτος, καὶ τί τοῦτον τοιοῦτον ὄντα πωλεῖς, δέον τῶν παρ' αὐτοῦ ὠφελειῶν ἀπολαύειν; »

ESOPO
FÁBULAS COMPLETAS
Neide Smolka

O ESTILO DE ESOPO

A fábula é um gênero popular, já que retrata ideias morais do homem comum. Desse modo, sua linguagem é a coloquial.

Não temos em Esopo a preocupação que existia em Homero, como poeta da corte, de criar um texto altamente burilado e mesmo artificial, linguagem, aliás, própria da epopeia. Esopo, como contador de histórias, dirige-se ao povo e sua linguagem é bastante simples, com um vocabulário, bem à moda dos primeiros textos em prosa, bastante repetitivo. A par disso, é a concisão de suas fábulas que muitas vezes torna difícil sua tradução. É a essência do fato que lhe interessa. Não raro, usa dois ou três prevérbios (prefixos de verbos), o que nos faz transformar uma oração em duas ou três.

Procurei, ao fazer a tradução dos textos, ficar o mais próximo possível do original, sem prejudicar o nosso idioma. Alguns leitores talvez estranhem o uso abusivo de gerúndios e particípios e de frases começando por *e* e por *mas*. Isso acontece porque foi o grego efetivamente o primeiro povo a preocupar-se com a estrutura sintática dos textos, tanto quando se trata da parataxe (coordenação) como da hipotaxe (subordinação). E a língua grega dá preferência indiscutível ao emprego das orações que hoje chamamos de reduzidas nos casos de subordinação. Sendo assim, se minha intenção era fazer uma tradução bem próxima do original, sempre que me foi possível e quando sentia que a frase ficava compreensível em português, mantive a estrutura grega.

Devo confessar, porém, que fiz uso de um estratagema, de um artifício. Quando, no discurso direto, falam duas pessoas, empreguei a segunda pessoa do singular (*tu*). No plural, entretanto, usei *vocês*, já que *vós*, positivamente, soaria artificial e não conseguiria passar ao leitor a visão do dia a dia de um homem qualquer e, muito menos, quando se trata de animais ou de seres inanimados. Que o meu idioma, que tanto amo, me perdoe!

Nota do Editor: A doutora Neide Smolka faleceu em 1º de setembro de 2006, em Santos. Mas continuará para sempre viva em livros como este.

ESOPO FÁBULAS COMPLETAS 12

ESOPO
FÁBULAS COMPLETAS
Neide Smolka

OS BENS E OS MALES

Por serem fracos, os bens, perseguidos pelos males, subiram ao céu. E perguntaram a Zeus[7] como deveriam comportar-se com os homens. O deus lhes disse que deveriam aproximar-se dos homens não todos em conjunto, mas um de cada vez. Por isso, os males, como estão perto dos homens, aproximam-se constantemente deles, enquanto os bens, descendo do céu, o fazem lentamente.

É por essa razão que ninguém encontra os bens rapidamente, mas, cada dia, cada um de nós é atingido pelos males.

O MERCADOR DE ESTÁTUAS

Um homem, tendo fabricado um Hermes[8] de madeira, levou-o ao mercado e o pôs à venda. Como ninguém se apresentasse para comprá-lo, querendo chamar a atenção, ele pôs-se a gritar que vendia uma divindade que se aprazia em fazer o bem e trazer vantagens. Um dos que lá se encontrava disse: "Ó amigo, se esse deus é assim, por que tu o vendes, em vez de tirar proveito dos benefícios que ele traz?". Ele respondeu: "Porque eu preciso de benefícios imediatos da parte dele, e ele costuma distribuir bens lentamente".

Essa fábula é para o homem ávido e que não se preocupa com os deuses.

---

7 Zeus era o deus supremo dos gregos. Corresponde ao Júpiter romano.

8 Hermes, filho de Zeus e de Maia, a ninfa de belas tranças. É o deus dos pastores e dos viajantes e o inventor da lira. É geralmente aquele que leva as mensagens dos deuses do Olimpo ao s homens. Corresponde ao Mercúrio romano.

A ÁGUIA E A RAPOSA

Uma águia e uma raposa, tendo feito amizade, decidiram morar perto uma da outra, supondo que, com a vida em comum, reforçariam a amizade. E então a águia voou sobre uma árvore muito alta e lá fez seu ninho, e a raposa foi para uma moita ao pé da árvore e lá deu cria. Mas um dia, quando foi em busca de caça, a águia, sentindo falta de alimento, precipitou-se sobre a moita, arrebatou os filhotes da raposa e os devorou.

Quando a raposa voltou e tomou ciência do ocorrido, não se afligiu tanto pela morte dos filhotes quanto pela impossibilidade de vingança, pois, por ser um animal terrestre, não podia perseguir um animal que voava. Por isso, ficou de longe, que é só o que resta aos impotentes e fracos, maldizendo o inimigo. Aconteceu, porém, que a águia não demorou a ser punida pelo crime cometido contra a amizade. Quando algumas pessoas sacrificavam uma cabra no campo, a águia arrebatou do altar uma víscera em fogo e a levou com ela. Ao transportá-la para o seu ninho, um vento forte que soprava incendiou um velho galho seco. E, por isso, os filhotes foram queimados (pois eram ainda incapazes de voar) e caíram ao chão. E a raposa correu e, ante os olhos da águia, os devorou.

Essa fábula mostra que os que traem a amizade, embora escapem da vingança dos injustiçados, por serem estes fracos, não se livram, de forma alguma, da vingança divina.

ESOPO
FÁBULAS COMPLETAS
Neide Smolka

A ÁGUIA E O ESCARAVELHO
4.

Uma águia perseguia uma lebre e esta, na falta de quem pudesse socorrê-la, viu num escaravelho o único ser que a ocasião lhe oferecia e pediu-lhe ajuda. Ele a tranquilizou e, vendo a águia que se aproximava, pediu-lhe que não arrebatasse sua suplicante. A águia menosprezou o tamanho do escaravelho e, diante de seus olhos, devorou a lebre.

Depois disso, o inseto, tomado de raiva, passou a vigiar os ninhos da águia e, se alguma vez ela botava ovos, ele alçava voo, fazia os ovos rolar e os quebrava, até que, perseguida de todos os lados, a águia recorreu a Zeus (é o pássaro consagrado a Zeus) e pediu-lhe um local onde pudesse fazer seu ninho em segurança. Como Zeus lhe permitisse pôr os ovos em seu colo, o escaravelho, ao ver isso, fez uma bola de lama, levantou voo e, ao ficar sobre o colo de Zeus, ali soltou a bola. Zeus se levantou para deixar a bola cair e esqueceu os ovos, que foram ao chão. Depois disso, dizem, as águias não fazem mais seus ninhos durante a época em que aparecem os escaravelhos.

A fábula ensina os que têm bom senso a não menosprezarem ninguém, pois não há quem seja tão fraco que, tendo sido ultrajado, não seja capaz de vingar-se um dia.

A ÁGUIA, A GRALHA E O PASTOR

Uma águia precipitou-se do alto de um rochedo e arrebatou um cordeiro. Uma gralha, estimulada pelo que vira, quis imitá-la. Então desceu ela própria e se atirou ruidosamente sobre um cordeiro. Como, porém, suas garras se emaranhassem nos tufos de lã, ficou batendo as asas sem poder soltar-se, até que o pastor, percebendo o que acontecia, correu, pegou-a, aparou-lhe as asas e, quando chegou o fim do dia, levou-a para seus filhos. Como estes lhe perguntassem que pássaro era aquele, disse o pastor: "Pelo que sei, sem dúvida é uma gralha, mas quer ser uma águia".

É assim qualquer luta contra os mais fortes: não se chega a nada e o que se consegue é que riam de nossa infelicidade.

6. A ÁGUIA (COM AS PENAS ARRANCADAS) E A RAPOSA

Uma vez uma águia foi presa por um homem. Ele aparou-lhe as asas e a largou com as aves no galinheiro. O pássaro, envergonhado, ficou de cabeça baixa e sem comer de tristeza, qual um rei prisioneiro. Mas um outro homem comprou-a e, tendo-lhe arrancado as penas e colado com mirra, deu-lhe asas. A águia, então, levantou voo e, tendo arrrebatado uma lebre com suas garras, levou-a ao homem de presente. Uma raposa, ao ver isso, disse: "Não dês presente a este, mas ao primeiro, porque este é bom por natureza; torna, porém, o outro melhor, para que algum dia ele não volte a te pegar e arrancar as asas".

Essa fábula mostra que se deve retribuir generosamente aos benfeitores, mas manter afastados prudentemente os maus.

7. A ÁGUIA (FERIDA POR UMA FLECHA)

Uma águia estava pousada no ponto mais alto de um rochedo à espreita de lebres para caçar. Alguém, no entanto, atirou uma flecha. A ponta da arma penetrou em seu corpo, juntamente com as penas. Ao ver isso, ela disse: "O que aumenta a minha dor é morrer por minhas próprias penas".

A ferroada da dor é mais terrível quando alguém é destruído pelas próprias armas.

8. O ROUXINOL E O GAVIÃO

Um rouxinol, pousado num alto carvalho, cantava como de costume. Um gavião o viu e, como lhe faltasse alimento, precipitou-se sobre ele e o prendeu. Estando o rouxinol para morrer, pediu ao gavião que o deixasse ir embora, argumentando que ele sozinho não seria suficiente para encher o estômago de um gavião; que o gavião devia, se tivesse necessidade de alimento, atacar pássaros maiores. E o gavião, tomando a palavra, disse: "Mas eu seria um estúpido se largasse uma comida que tenho certa na mão para ir atrás de outras que ainda não vi".

Assim, também são insensatos os homens que, na esperança de bens maiores, deixam escapar o que têm na mão.

O ROUXINOL E A ANDORINHA

Uma andorinha aconselhava um rouxinol a viver sob o teto dos homens, como ela própria o fazia. E ele disse: "Não quero lembrar a tristeza de minhas antigas penas, por isso moro em lugares desertos".

Quem sofreu algum golpe da fortuna quer evitar até o lugar em que aconteceu o sofrimento.

O ATENIENSE DEVEDOR

Em Atenas, um devedor, ao ser instado pelo credor a pagar uma dívida, pediu primeiro que lhe fosse dado um prazo, pois estava apertado. Como não persuadisse o outro, pegou uma porca, a única que tinha, e, na presença do credor, colocou-a à venda. Um comprador se apresentou e perguntou se a porca era fecunda. O devedor respondeu que sim, e de forma extraordinária: durante os Mistérios[9], gerava fêmeas e, nas Panateneias[10], machos. Como o comprador ficasse surpreso com o que ouvia, o credor acrescentou: "Mas não te admires, pois ela te gerará cabritos nas Dionisíacas[11]".

A fábula mostra que muitos não hesitam, no seu próprio interesse, sequer em jurar coisas impossíveis.

O NEGRO

Alguém comprou um negro que lhe parecia ter essa cor por negligência do antigo dono. Levou-o para casa, ensaboou-o todo e tentou todas as formas de lavagem para limpá-lo. Mas a cor não mudou e, por tudo o que o fez passar, deixou-o doente.

A fábula mostra que o que é natural permanece como era antes.

---

[9] Os Mistérios eram cerimônias religiosas secretas. Os mais conhecidos são os Mistérios de Elêusis, em honra a Deméter, a Terra-Mãe e a mais importante das divindades ligadas à fecundidade. Representa a terra que nutre o homem.

[10] As Panateneias eram festas em honra a Atena (Minerva romana), deusa da sabedoria. Nessas festas havia concursos de música e de ginástica e competições hípicas.

[11] As Dionisíacas constituíam as mais importantes festas gregas. Eram dedicadas a Dioniso (Baco romano) e podiam ser Dionisíacas Campestres ou Dionisíacas Urbanas. Nas primeiras, o deus era honrado como a divindade da vegetação e, sobretudo, como o protetor da vinha. Nas Grandes Dionisíacas Urbanas, que duravam seis dias, eram apresentados os concursos dramáticos, nos quais concorriam os maiores nomes da época: na tragédia, entre outros, Ésquilo, Sófocles e Eurípedes; na comédia, Aristófanes e, depois, Menandro.

12. O GATO E O GALO

Um gato, tendo apanhado um galo, queria um pretexto para comê-lo. Acusou-o, então, de ser importuno para os homens, por cantar durante a noite e não os deixar dormir. O galo, em sua defesa, disse que assim fazia para lhes ser útil, porque os acordava para os trabalhos habituais. O gato acusou-o, então, de ultrajar a natureza, acasalando-se com a mãe e as irmãs. Como o galo dissesse que fazia isso no interesse dos donos, porque dessa forma muitos ovos eram gerados, o gato disse: "Ora, se tu consegues apresentar muitas e belas justificativas, eu, de minha parte, não vou ficar em jejum". E o devorou.

A fábula mostra que uma natureza má, determinada a fazer o mal, se não pode praticá-lo com um bom pretexto o faz abertamente.

13. O GATO E OS RATOS

Em uma casa havia muitos ratos. Um gato, sabendo disso, foi até lá e começou a capturar e devorar um por um. Os ratos, por serem constantemente capturados, passaram a se esconder em seus buracos, e o gato, não mais podendo alcançá-los, viu que era preciso chamá-los para fora dos buracos com um ardil. Por isso, subiu numa estaca de madeira e ali, suspenso, fingiu-se de morto. Um dos ratos, porém, deu uma olhada e, ao vê-lo, disse: "Ora, meu amigo, de ti, mesmo que te tornes um saco, eu não me aproximarei".

A fábula mostra que os homens sensatos, quando já experimentaram a maldade de algumas pessoas, não mais se deixam enganar por suas artimanhas.

14. O GATO E AS GALINHAS

Um gato, tendo ouvido que as galinhas de um galinheiro estavam doentes, disfarçou-se de médico, tomou os instrumentos necessários àquela arte, apresentou-se diante do galinheiro e perguntou às galinhas como iam. Em resposta, elas disseram: "Muito bem, se tu te fores daqui".

Assim também, entre os homens, os maus não escapam àqueles que são sensatos, mesmo que representem da melhor forma possível.

15. A CABRA E O CABREIRO

Um cabreiro chamava as cabras para o curral. Uma delas, porém, ficou para trás, aproveitando de um bom pasto. O pastor, então, atirou-lhe uma pedra de forma tão certeira que lhe quebrou um chifre. Ele pôs-se a suplicar à cabra que não contasse o fato ao dono. E ela disse: "Mesmo que eu me cale, como vou esconder? É mais do que evidente para todos que meu chifre está quebrado".

A fábula mostra que, quando a falta é muito evidente, não é possível escondê-la.

16. A CABRA E O BURRO

Alguém alimentava uma cabra e um burro. A cabra, com inveja do burro, porque ele era muito bem-alimentado, disse-lhe que diminuísse o ritmo de trabalho, de ora moer, ora carregar fardos, e o aconselhou a simular que estava epilético e cair em um buraco para descansar. O burro confiou na cabra, caiu e começou a debater-se. O dono chamou o médico e pediu-lhe que socorresse o animal. Ele lhe disse que fizesse uma infusão com o pulmão de uma cabra e o burro ficaria bom. E, tendo sacrificado a cabra, salvaram o burro.

Assim, quem arquiteta maldades contra outro torna-se o autor de seus próprios males.

O CABREIRO E AS CABRAS SELVAGENS

Um cabreiro, tendo levado suas cabras ao pasto, notou que elas se haviam misturado com cabras selvagens e, ao entardecer, conduziu-as todas para sua gruta. No dia seguinte, como chovesse muito, não pôde levá-las para a pastagem habitual e cuidou delas lá dentro, dando às suas próprias cabras alimento suficiente apenas para não morrerem de fome, enquanto as de fora alimentou-as melhor na intenção de fazê-las suas. Passada a chuva, quando levou todas para o pasto, as cabras selvagens tomaram o caminho das montanhas e fugiram. Como o pastor as acusasse de ingratidão por o abandonarem, uma vez que elas tinham sido tratadas com cuidados especiais, elas se voltaram, dizendo: "Ora, por isso mesmo ficamos preocupadas, pois se a nós, tuas hóspedes de ontem, nos honrastes mais do que as que já estavam antes contigo, é claro que, se também outras vierem a ti depois disso, tu nos deixarás de lado por causa delas".

Essa fábula mostra que não devemos acolher a amizade daqueles que dão preferência a nós, seus amigos recentes, em detrimento das antigas amizades, levando em conta que, quando nós formos seus velhos amigos e eles se tornarem amigos de outros, aqueles é que terão a sua preferência.

A ESCRAVA FEIA E AFRODITE

Uma escrava feia e má era amada por seu dono. Com o dinheiro que recebia dele, ela se enfeitava brilhantemente e rivalizava com a sua dona. Fazia ela frequentes sacrifícios a Afrodite[12] e lhe suplicava que a tornasse bela. Mas a deusa apareceu-lhe em sonho e disse que não lhe concederia a graça de fazê-la bela "porque estou aborrecida e irritada contra esse homem a quem pareces bela".

Não devem ficar cegos aqueles que enriquecem por meios vergonhosos, principalmente se não são bem-nascidos nem têm beleza.

---

[12] Deusa de origem oriental. Aceita entre os gregos como nascida da espuma do mar, de acordo com o que diz Hesíodo, autor do século VIII a.C., em sua obra *Teogonia* (A origem dos deuses). Esposa de Hefesto (Plutão romano), segundo Homero, e amante de Ares (Marte romano), deus da guerra. Dizem uns que teria sido mãe de Eros (Cupido romano), deus do amor carnal, representado geralmente como uma criança, sendo o pai desconhecido. Era amada por deuses e por homens, tendo tido grande paixão por Adônis, jovem mortal adolescente. Da união com Hermes teria nascido Hermafrodite, divindade que reunia os dois sexos.

19. ESOPO NO ESTALEIRO

Esopo, o fabulista, em um dia de descanso, entrou em um estaleiro. Como os operários o ridicularizassem e o provocassem a responder, Esopo disse que antes havia o caos e a água e, como quisesse Zeus fazer aparecer o elemento terra, aconselhou a esta que engolisse por três vezes o mar. E ela, assim que começou, primeiro revelou as montanhas; em segundo lugar, sorveu mais água e surgiram as planícies, "e, se ela julgar que deve absorver água uma terceira vez, a sua arte se tornará inútil".

A fábula mostra que os que fazem pouco dos que são melhores se esquecem de que podem ter para si próprios grandes aborrecimentos da parte deles.[13]

20. OS DOIS GALOS E A ÁGUIA

Dois galos brigavam por causa de galinhas, e um pôs o outro em fuga. Então, o vencido se retirou para um lugar coberto e se escondeu. O vencedor, por sua vez, ergueu-se no ar, empoleirou-se no alto de um muro e pôs-se a cantar com muito vigor. Imediatamente uma águia caiu sobre ele e o arrebatou. E o outro galo, que estava escondido na sombra, pôde sem medo cobrir as galinhas.

A fábula mostra que o Senhor se coloca contra os orgulhosos e favorece os humildes.[14]

---

[13] Trata-se da única das fábulas traduzidas que fala diretamente de Esopo e, por isso mesmo, parece apócrifa. Como, porém, aparece em cinco dos manuscritos mencionados na Introdução, além de ser inserida pela expressão *Aisópou Mythoi*, com certeza Chambry julgou importante colocá-la na coleção apresentada em seu livro.

[14] A conclusão da fábula — "A fábula mostra que o Senhor se coloca contra os orgulhosos e favorece os humildes" — aparece desse modo em vários manuscritos. É claro que, pelo emprego do termo "Senhor", vemos que se trata de interferência do cristianismo. Poderia terminar a fábula do modo como está em apenas um manuscrito: *"Epí tükhei kaí andréiai ou dêi tina méga kaukhasthai"*, que significa: "Sobre sorte e coragem, ninguém deve contar vantagem".

21. OS GALOS E A PERDIZ

Alguém que tinha galos em casa, como encontrasse uma perdiz doméstica à venda, comprou-a e a levou para casa, a fim de alimentá-la juntamente com os galos. Embora os galos batessem nela e a quisessem expulsar, a perdiz ia aguentando, pois julgava que a rejeitavam porque ela era de outra raça. Passado pouco tempo, porém, como visse os galos brigarem entre si e não se separarem antes que estivessem sangrando, disse a si mesma: "Eu não mais me lastimo por apanhar deles, pois vejo que nem eles próprios se poupam".

A fábula mostra que os homens sensatos suportam mais facilmente as ofensas dos vizinhos quando veem que eles não poupam nem os de casa.

22. OS PESCADORES E O ATUM

Depois de muito tempo de pescaria sem nenhum resultado, os pescadores se lastimavam, sentados no barco. Nesse momento, um atum que tinha sido perseguido por eles e se salvara com grande alarido, por azar lançou-se dentro da barca. E os pescadores o pegaram, levaram-no à cidade e o venderam.

Assim, muitas vezes, o que a arte não proporciona, a sorte dá de graça.

23. OS PESCADORES (QUE PESCARAM UMA PEDRA)

Alguns pescadores arrastavam uma rede. Como ela estivesse pesada, alegravam-se e dançavam, julgando que a pesca era muita. Quando, porém, arrastaram a rede para a margem, encontraram poucos peixes mas, em compensação, a rede estava cheia de pedras e pedaços de madeira. Ficaram extremamente irritados, não tanto pelo que fora encontrado, mas por terem prejulgado o contrário. Um deles, entretanto, um velho, disse: "Vamos parar, companheiros. Com efeito, a alegria, segundo parece, é irmã da tristeza, e era preciso que, depois de termos ficado tão contentes, sofrâmos também algum dissabor".

Assim, também, é preciso que nós, vendo como a vida é inconstante, não nos regozijemos com as coisas, refletindo que, depois de um tempo bom, sempre vem um mau tempo.

O PESCADOR QUE TOCA FLAUTA

Um pescador, hábil em tocar flauta, pegou suas flautas e suas redes e lançou-se ao mar. Colocando-se sobre um rochedo saliente, pôs-se primeiro a tocar, julgando que os peixes, por si sós, pela doçura dos sons, saltariam da água e iriam até ele. Como, porém, apesar de seu grande esforço, não atingisse o seu intento, deixou de lado as flautas, pegou a tarrafa e, tendo-a atirado na água, pegou muitos peixes. Jogou-os da rede para a margem e, ao ver que eles se agitavam, disse: "Ó malditos animais, vocês, quando eu tocava flauta, não dançavam, e agora, quando parei, o fazem".

A fábula se aplica aos que fazem algo fora do tempo.

O PESCADOR
(E OS GRANDES E PEQUENOS PEIXES)

Um pescador, tendo retirado do mar a rede de pescar, capturou grandes peixes e os expôs no chão. Os peixes menores escaparam para o mar através das malhas.

É fácil a salvação para os que não têm muito, mas raramente se vê o que tem muito renome escapar dos perigos.

ESOPO
FÁBULAS COMPLETAS
Neide Smolka

26. O PESCADOR E O PICAREL

Um pescador, tendo estendido a rede no mar, pescou um picarel. Como era um peixe pequeno, pôs-se a suplicar que não o pegasse agora, mas que o soltasse por causa de sua pequenez. "Quando eu crescer e ficar grande", disse, "tu me podes pegar, pois então serei para ti de mais utilidade." E o pescador disse: "De minha parte, serei um tolo se abandonar a vantagem que tenho nas mãos, mesmo que seja pequena, na esperança de retomá-la quando se tornar grande".

A fábula mostra que seria loucura abrir mão de uma vantagem, por menor que fosse, sem esperança de obter uma maior.

27. O PESCADOR (QUE BATE NA ÁGUA)

Um homem pescava em um rio. Tendo estendido as redes atravessadas de uma margem a outra da correnteza, amarrou uma pedra em uma corda de linho e batia com ela na água, para que os peixes, fugindo assustados, se atirassem nas malhas da rede.

Um dos habitantes da região, vendo-o fazer isso, pôs-se a censurá-lo por bater no rio, sujando a água de beber. E ele respondeu: "Mas se o rio não for assim agitado, acabarei morrendo de fome".

Assim, também nas cidades os demagogos obtêm mais quando levam sua pátria a discórdias.

28. A ALCÍONE

A alcíone é um pássaro que ama a solidão e vive constantemente sobre o mar. Diz-se que, para defender-se das caçadas dos homens, faz seu ninho em rochedos da costa. Ora, um dia, estando prestes a botar, subiu ela a um promontório e, ao ver um rochedo que se inclinava para o mar, ali fez seu ninho. Mas, certa vez em que tinha saído em busca de alimento, aconteceu que o mar, erguido por uma violenta tempestade, elevou-se até o ninho, cobriu-o de água e afogou os filhotes. Quando a alcíone voltou e viu o que tinha acontecido, disse: "Como sou infeliz, eu que, me resguardando das armadilhas da terra, refugiei-me neste lugar, que foi muito pior para mim".

Assim, também, há alguns homens que, pondo-se em guarda contra os inimigos, sem perceberem, muitas vezes caem apoiados por amigos muito mais perigosos que seus inimigos.

AS RAPOSAS
(À BEIRA DO MEANDRO)

Um dia, algumas raposas se reuniram à beira do Rio Meandro[15], na intenção de nele beber. Mas, como a água corresse impetuosamente, umas instigavam as outras sem que nenhuma tivesse coragem de entrar na água. Uma delas, tomando a palavra com a intenção de humilhar as restantes, ridicularizou a covardia das outras raposas, vangloriando-se de ser mais corajosa, e audaciosamente atirou-se na água. Como a correnteza a puxava para o meio, as restantes, postadas perto da margem do rio, gritavam: "Não nos abandones, volta e mostra a passagem pela qual poderemos beber sem perigo!". E ela, sendo levada pela corrente, dizia: "Tenho uma mensagem para Mileto[16] e quero levá-la até lá. Quando voltar, mostrarei a vocês como passar".

Para aqueles que, por fanfarronice, se colocam eles próprios em perigo.

A RAPOSA COM A BARRIGA INCHADA

Uma raposa faminta, ao ver, em uma cavidade de um carvalho, pães e carne deixados por pastores, pegou-os e os comeu. Como sua barriga ficasse inchada e a raposa não conseguisse sair do buraco, pôs-se a gemer e a lastimar-se. Ao ouvir seu pranto, outra raposa que passava por ali aproximou-se e perguntou a causa. Ao saber o que ocorrera, disse-lhe: "Ora, fica aí durante o tempo necessário para ficares como eras quando entraste e, então, facilmente poderás sair".

A fábula mostra que o tempo resolve as questões difíceis.

A RAPOSA E A SARÇA

Uma raposa ia atravessando um tapume, quando escorregou e, estando a ponto de cair, agarrou-se a uma sarça para se salvar. Então, como a planta ensanguentasse e ferisse suas patas, disse-lhe a raposa: "Ai de mim! Procurei a ti para salvar-me e tu me trataste de forma pior". "Mas erraste, amiga", disse a sarça, "querendo agarrar-te a mim, que tenho por costume agarrar todo mundo."

A fábula mostra que assim também, entre os homens, são tolos os que procuram a ajuda daqueles para os quais é mais natural fazer o mal.

---

[15] Meandro, rio da Frígia, conhecido por ser muito sinuoso.
[16] Mileto, cidade grega da Ásia Menor, na embocadura do Rio Meandro.

A RAPOSA E O CACHO DE UVAS

Uma raposa faminta, ao ver cachos de uva suspensos em uma parreira, quis pegá-los mas não conseguiu. Então, afastou-se dela, dizendo: "Estão verdes".

Assim também, alguns homens, não conseguindo realizar seus negócios por incapacidade, acusam as circunstâncias.[17]

A RAPOSA E O DRAGÃO

(Havia uma figueira no caminho.)[18] E uma raposa, tendo visto um dragão dormindo, invejou o seu tamanho. Querendo ficar igual a ele, deitou-se ao seu lado e tentou distender-se, até que, exagerando em seu esforço, acabou por romper-se.

Assim sofrem os que desejam competir com os mais fortes; com efeito, eles próprios se prejudicam mais rapidamente do que conseguem atingi-los.

[17] A lição de moral dessa fábula tão conhecida diz, em síntese, que, se alguém não conseguiu algo, foi porque as circunstâncias não ajudaram. A ideia de *desprezo*, que se incorporou a essa fábula — "as uvas estão verdes, não prestam" —, surge primeiramente no texto de Fedro, em cuja lição de moral aparece o verbo latino *eleuare*, que significa "menosprezar". Essa mesma moral passou a ser mantida pelos fabulistas seguintes.

[18] A frase entre parênteses, que inicia a fábula, apresenta uma tênue ligação com a frase seguinte através da partícula grega *dé*, com valor de conjunção coordenativa aditiva. Aparece em vários manuscritos, mas deve ser, pelo menos a nosso ver, erro de um copista, seguido depois pelos demais.

34. A RAPOSA E O LENHADOR

Uma raposa, fugindo de caçadores, viu um lenhador e suplicou-lhe um esconderijo. Ele a aconselhou a entrar em sua cabana e esconder-se. Depois de algum tempo, chegaram os caçadores, perguntando ao lenhador se vira uma raposa passar. O lenhador, por palavras, negou tê-la visto, mas, com a mão, fez um gesto mostrando onde ela estava escondida. Os caçadores não se preocuparam com o gesto, mas acreditaram em suas palavras. A raposa, vendo-os ir embora, partiu sem dizer nada. Ao ser censurada pelo lenhador, uma vez que, salva por ele, ela nada havia dito como agradecimento, a raposa disse: "Eu, de minha parte, te agradeceria se houvesse semelhança de procedimento entre as palavras e o gesto que fizeste com a mão".

Poder-se-ia aplicar essa fábula a alguém, dentre os homens, que proclama claramente o bem, mas se conduz com maldade em suas atividades.

35. A RAPOSA E O CROCODILO

Uma raposa e um crocodilo discutiam sobre sua nobreza. Como o crocodilo falasse sobre o valor de seus ancestrais e acabasse por dizer que seus pais eram ginasiarcas[19], a raposa disse: "Mas também tu não poderias deixar de dizer, pela pele que apresentas, que há muitos anos és ginasiarca".

Assim também, quanto aos homens mentirosos, os fatos servem como argumento de refutação.

36. A RAPOSA E O CÃO

Uma raposa, tendo-se introduzido num rebanho de carneiros, pegou um dos cordeiros que ainda mamava e fingiu acariciá-lo. Tendo-lhe perguntado um cão por que fazia isso, respondeu: "Eu o mimo e brinco com ele". Disse o cão: "Mas agora, se não te afastas do cordeiro por ti mesma, far-te-ei carícias de cão".

A fábula se aplica ao homem velhaco e ao ladrão desajeitado.

---

[19] Ginasiarca era um cidadão escolhido em Atenas por sua tribo, por tempo determinado, e encarregado das despesas dos entretenimentos nos ginásios (centros esportivos) e do pagamento dos que treinavam os jovens para se apresentarem em festas e cerimônias.

37. A RAPOSA E A PANTERA

Uma raposa e uma pantera discutiam sobre sua beleza. Como a pantera se vangloriasse a cada instante do brilho de sua pelagem, a raposa tomou a palavra e disse: "Eu sou mais bela que tu, eu, que sou brilhante não de corpo mas de inteligência!".

A fábula mostra que a grandeza da inteligência é superior à beleza do corpo.

38. A RAPOSA E O MACACO (ELEITO REI)

Numa assembleia de animais irracionais, um macaco, tendo dançado e agradado a todos, foi por eles eleito rei. Mas uma raposa, invejosa, como visse numa armadilha um pedaço de carne, levou o macaco até lá, dizendo ter encontrado um tesouro do qual não fizera uso, mas que o havia guardado como presente em honra da realeza. Em seguida, pôs-se a exortá-lo a pegar o tesouro. O macaco aproximou-se sem cuidado e acabou preso na armadilha. Como acusasse a raposa de ter-lhe pregado uma peça, ela disse: "Ó macaco, tolo como és, ainda queres ser rei dos animais irracionais?".

Assim, os que se lançam a empreendimentos sem preparo, não só fracassam, mas são condenados ao riso.

39. A RAPOSA E O MACACO (DISCUTINDO SOBRE SUA NOBREZA)

Uma raposa e um macaco, andando juntos, discutiam sobre sua nobreza. Enquanto cada um deles expunha suas ideias, chegaram a um lugar onde, olhando para os lados, o macaco começou a suspirar. Como a raposa perguntasse a causa, o macaco, mostrando-lhe os túmulos, disse: "Como não chorar, vendo as colunas funerárias dos libertos e dos escravos de meus pais?". Ao que a raposa respondeu: "Oh! Podes mentir quanto quiseres. Com efeito, nenhum deles vai levantar-se para te desmentir".

Assim, também entre os homens, os mentirosos se vangloriam apenas quando não há ninguém para contestá-los.

A RAPOSA E O BODE

Uma raposa caiu em um poço e foi obrigada a permanecer ali. Um bode, levado pela sede, aproximou-se do mesmo poço e, vendo a raposa, perguntou-lhe se a água estava boa. E ela, regozijando-se pela circunstância, pôs-se a elogiar a água, dizendo que estava excelente e o aconselhou a descer. Depois que, sem pensar e levado pelo desejo, o bode desceu junto com a raposa e matou a sede, perguntou-lhe como sair. A raposa tomou a palavra e disse: "Conheço um jeito, desde que pretendas que nos salvemos juntos. Apoia, pois, teus pés da frente contra a parede e deixa teus chifres retos. Eu subo por aí e te guindarei". Tendo o bode se prestado de boa vontade à proposta dela, a raposa, subindo pelas pernas dele, por seus ombros e seus chifres, encontrou-se na boca do poço, saltou e se afastou. Como o bode a censurasse por não cumprir o combinado, a raposa voltou-se e disse ao bode: "Ó camarada, se tivesses tantas ideias como fios de barba no queixo, não terias descido sem antes verificar como sair".

Assim, também, é preciso que os homens sensatos primeiro verifiquem o resultado de uma ação antes de pô-la em prática.

A RAPOSA SEM CAUDA

Uma raposa, ao perder a cauda numa armadilha, julgou, envergonhada, não mais poder viver daquele modo. Resolveu, por isso, que era preciso compelir as outras raposas ao mesmo, para, numa mutilação comum, esconder a própria inferioridade. Então, reunindo todas, incitou-as a cortarem a cauda, dizendo que o rabo não era apenas inconveniente, mas também um peso excessivo atado a elas. Mas uma das raposas tomou a palavra e disse: "Ó camarada, se isso não fosse algo de teu interesse, não nos terias dado esse conselho".

Essa fábula se aplica àqueles que aconselham o próximo não por benevolência, mas em seu próprio interesse.

A RAPOSA (QUE NUNCA VIRA UM LEÃO)

Uma raposa que nunca vira um leão encontrou um por acaso e tremeu tanto que por pouco não morreu. A segunda vez que o encontrou teve medo, mas não como da primeira vez. Mas a terceira vez que o viu teve coragem de aproximar-se e falar com ele.

A fábula mostra que o hábito acalma até o medo das coisas.

43. A RAPOSA E A MÁSCARA

Uma raposa, tendo entrado na casa de um ator e mexido em cada uma de suas vestes, encontrou também uma cabeça de máscara muito bem trabalhada. Tomou-a nas patas e disse: "Oh! Que cabeça! Mas não tem cérebro".

A fábula é para os homens esplêndidos de corpo, mas pobres de espírito.

44. HOMENS
(DOIS DISCUTINDO SOBRE DEUSES)

Dois homens discutiam sobre qual dos deuses, Teseu[20] ou Héracles[21], era maior. E os deuses, enfurecidos contra eles, vingaram-se cada um sobre o país do outro.

A discórdia dos subordinados faz com que os senhores fiquem encolerizados contra seus súditos.

45. O ASSASSINO

Um homem, tendo cometido um assassínio, era perseguido pelos parentes do morto. Ao chegar à margem do Nilo, como lhe aparecesse um lobo, subiu amedrontado em uma árvore que ficava à beira do rio e se protegeu. Mas ali, vendo um dragão que se lançava sobre ele, atirou-se no rio. No rio, porém, um crocodilo o devorou.

A fábula mostra que, para os malditos entre os homens, nenhum elemento da terra, do ar ou da água oferece segurança.

---

[20] Teseu foi o mais famoso dos reis lendários de Atenas. Herói mítico que representou papel importante na literatura e na arte. Grande rival de Héracles, pelas façanhas que praticou. Um dos textos ligados à sua vida diz ser ele um semideus, por ser filho de Zeus e de uma mortal.

[21] Héracles (Hércules romano), uma das figuras mais complexas da mitologia grega, é apresentado, ao mesmo tempo, como herói e como deus. Como herói, puramente grego, teria realizado doze trabalhos praticamente impossíveis de serem feitos por qualquer homem. Assim como Teseu, é considerado, segundo a tradição, um semideus, por ser filho de Zeus e de uma mortal. Foi tratado também como um deus, de origem oriental, e introduzido na Grécia, onde teria sido o criador dos Jogos Olímpicos.

46. O HOMEM QUE PROMETE COISAS IMPOSSÍVEIS

Um homem pobre passava mal e, depois de ter sido desenganado pelos médicos, pôs-se a suplicar aos deuses, prometendo oferecer uma hecatombe[22] e lhes consagrar ex-votos[23] se se restabelecesse. E, como sua mulher (que por acaso estava perto dele) perguntasse: "De onde vais tirar isso?", ele disse: "Pensas, com efeito, que vou restabelecer-me, para que também tudo isso os deuses reclamem de mim?".

A fábula mostra que os homens facilmente fazem promessas que não têm, de fato, intenção de cumprir.

47. O HOMEM MEDROSO E OS CORVOS

Um homem medroso partia para a guerra. Como os corvos grasnassem, depôs as armas e ficou parado. Depois as pegou e retomou a marcha. Como os corvos grasnassem de novo, ele parou e finalmente disse: "Vocês que gritem tão alto quanto puderem, mas não me degustarão".

A fábula é para os excessivamente medrosos.

48. O HOMEM (MORDIDO POR UMA FORMIGA) E HERMES

Um dia, ao ver uma nau afundando com seus passageiros, alguém pôs-se a dizer que os deuses eram injustos. Com efeito, por causa de um só ímpio, tinham feito perecer também inocentes. Enquanto dizia isso, como havia muitas formigas no lugar em que se encontrava, aconteceu de ele ser mordido por uma delas. E o homem, mordido por uma só entre as formigas, massacrou todas elas. Hermes então apareceu-lhe e, batendo-lhe com o caduceu[24], disse: "E agora, não admites que os deuses fazem justiça, da mesma forma que tu o fizeste com as formigas?".

Que ninguém blasfeme contra um deus quando acontece um mal, mas examine as suas próprias faltas.

---

[22] Hecatombe era a oferta em sacrifício de cem bois. Depois o termo se generalizou, representando qualquer sacrifício de grande porte.

[23] Oferenda religiosa (estátua, monumento) para perpetuar uma lembrança.

[24] Bastão usado por Hermes e que o caracterizava como deus dos pastores.

49. O HOMEM E A MULHER (RABUGENTA)

Uma mulher era excessivamente rude com as pessoas da casa, e seu marido quis saber se ela se comportaria de forma semelhante em relação aos servos do pai. Mandou-a dali à casa do pai sob um pretexto qualquer. Depois de poucos dias, quando ela voltou, o homem lhe perguntou como as pessoas da casa a tinham recebido. Como ela disse: "Os boieiros e os pastores me olhavam de lado", disse-lhe ele: "Ora, mulher, se eras malvista por aqueles que saíam de madrugada para guardar os rebanhos e voltavam no fim da tarde, o que devia ser quanto àqueles com os quais passavas o dia inteiro?".

Assim, muitas vezes, por meio de pequenas coisas se conhecem as grandes, e por meio do que é visível, o que está escondido.

50. O TRAPACEIRO

Um trapaceiro foi contratado para provar que o oráculo[25] de Delfos era mentiroso. No dia estabelecido, ele pegou na mão um pardal e, tendo-o escondido sob o manto, dirigiu-se ao templo. Colocou-se ante o oráculo e primeiro perguntou se o que tinha nas mãos era vivo ou morto. Pretendia, se o oráculo dissesse "morto", mostrar o pardal vivo; se o oráculo respondesse "vivo", iria estrangular o pardal e depois mostrá-lo. Mas o deus, ciente da intenção artificiosa, disse: "Ó homem, para; com efeito, depende de ti se o que tens está morto ou vivo".

A fábula mostra que a divindade é inatacável.

---

[25] Oráculos eram instituições de culto, consagradas a um deus. Instalado em santuários e administrado por sacerdotes, o oráculo tinha três elementos essenciais: um deus inspirador, um sacerdote para transmitir o pensamento divino e um lugar determinado. A palavra grega *mantéion* significava tanto a divindade que respondia à consulta como as respostas que ela dava e o lugar em que era feita a revelação. O oráculo de Delfos, dedicado a Apolo, foi o mais importante da Antiguidade. Conheceu o seu esplendor entre 700 e 450 a.C. Apesar de representarem o que se poderia chamar de religião popular, uma vez que geralmente respondiam com ambiguidade às consultas feitas, os oráculos gozaram de grande prestígio no mundo grego.

51. O FANFARRÃO

Um atleta de pentatlo, acusado a toda hora pelos cidadãos de falta de vigor, um dia viajou e, ao voltar, depois de algum tempo, vangloriou-se de ter realizado muitas proezas em outras regiões, dizendo que em Rodes[26] havia dado um salto como ninguém ainda conseguira nos Jogos Olímpicos. Acrescentou que tinha por testemunhas todos os que ali haviam estado se, por acaso, um dia fossem à sua terra. Um dos presentes, tendo tomado a palavra, disse-lhe: "Mas, meu amigo, se isso é verdade, não precisas de testemunhas, pois Rodes agora é aqui: salta!".

A fábula mostra que, quando é possível provar algo pelos feitos, toda palavra sobre eles é supérflua.

52. O HOMEM GRISALHO E SUAS MULHERES

Um homem grisalho tinha duas companheiras, sendo uma bem mais jovem e a outra bem mais velha que ele. A de idade avançada, envergonhada por ter relações com uma pessoa mais nova, não deixava, cada vez que ele a procurava, de arrancar-lhe fios de cabelos pretos. A mais nova, constrangida de ter um velho como amante, tirava-lhe os cabelos brancos. Assim, aconteceu que ele, tendo os cabelos arrancados por ambas, tornou-se calvo.

Assim, em qualquer lugar, o que é anômalo é nocivo.

---

[26] Ilha grega que fica no extremo sudeste do Mar Egeu. É a mais importante ilha do Arquipélago Dodecaneso.

53. O NÁUFRAGO

Um rico ateniense navegava com outros passageiros. Como ocorresse violenta tempestade, a nau virou e, enquanto os restantes tratavam de salvar-se a nado, o ateniense, invocando a todo instante Atena, prometia mil coisas, caso se salvasse. Um dos náufragos que nadava a seu lado lhe disse: "Invoca Atena, mas também move tuas mãos".

Assim, também, nós precisamos invocar os deuses, mas fazer algo por nós mesmos. Devem ser considerados felizes aqueles que, fazendo esforços por si mesmos, ainda obtêm a proteção dos deuses, pois, se forem negligentes, vão poder ser salvos apenas pelas divindades.

54. O CEGO

Um cego tinha por hábito reconhecer todo animal que era colocado entre suas mãos e, tocando-o, dizer de que espécie ele era. Ora, um dia, foi-lhe apresentado um lobacho.

Ele o apalpou e, indeciso, disse: "Não sei se é um filhote de lobo, de raposa ou de outro animal do mesmo gênero, mas o que, entretanto, sei bem é que não é conveniente colocá-lo com um rebanho de cordeiros".

Assim, entre os maus, sua natureza, muitas vezes, se reconhece pelo corpo.

55. O MENTIROSO

Um homem pobre, estando doente e passando mal, prometeu aos deuses sacrificar cem bois se ficasse bom. E os deuses, querendo pô-lo à prova, cuidaram rapidamente dele para deixá-lo bem. O homem se levantou da cama, mas, como não tinha bois verdadeiros, modelou cem animais com gordura e os sacrificou no altar, dizendo:

"Recebei meu voto, ó deuses". Os deuses, querendo, de sua parte, enganá-lo, enviaram-lhe um sonho, induzindo-o a ir à beira do mar, pois lá encontraria 1.000 dracmas áticas[27]. Feliz da vida, foi correndo à praia, onde, caindo prisioneiro de piratas e sendo vendido por eles, encontrou assim 1.000 dracmas.

A fábula se aplica ao homem mentiroso.

56. O CARVOEIRO E O CARDADOR

Um carvoeiro, exercendo seu ofício em uma casa, viu um cardador[28] estabelecido ali perto e foi falar com ele, para sugerir que morassem na mesma casa. Disse que se tornariam amigos e seria vantajoso morarem juntos, pois teriam menos gastos. E o cardador, tomando a palavra, disse: "Mas, pelo menos para mim, isso é totalmente impossível, pois o que eu embranqueço, tu deixarias negro de fumaça".

A fábula mostra que o que é diferente não deve ser posto em comum.

---

[27] Evidentemente, é muito difícil fazer comparação entre o valor de moedas antigas e o valor atual. Os gregos, todavia, tinham quatro tipos de moedas: o óbolo, a dracma, a mina e o talento. O talento valia 6.000 dracmas, a mina, 100 dracmas e o óbolo era um centésimo da dracma. Ora, quem possuía 2 talentos podia comprar uma nau equipada e era considerado muito rico quem tivesse 5 talentos. As dracmas áticas, referidas na fábula, deviam equivaler, possivelmente, a um sexto de talento.

[28] Artesão que desemaranhava a lã do cordeiro e a embranquecia, antes de os fios irem para o tear.

57. OS HOMENS E ZEUS

Dizem que primeiro foram feitos os animais, e um deles recebeu como graça do deus a força; outro, a rapidez; outro, asas. Mas o homem, que se encontrava nu, disse: "Só a mim me deixaste desprovido de favores". Zeus, então, disse: "Tu não percebes o presente que te dou e, no entanto, obtiveste o maior, pois recebeste o raciocínio, poderoso junto aos deuses e junto aos homens, bem mais poderoso que os mais poderosos e mais rápido que os mais rápidos". Então, tendo conhecimento do presente, o homem se foi, prostrando-se e dando graças.

Apesar de todos terem sido favorecidos com o raciocínio por um deus, algumas pessoas são insensíveis a determinado favor e preferem invejar os animais privados de sentimento e de raciocínio.

58. O HOMEM E A RAPOSA

Por ter raiva de uma raposa que a prejudicava, uma pessoa apoderou-se dela e, querendo uma grande vingança, atou em sua cauda uma estopa embebida em óleo e pôs fogo. Uma divindade, porém, guiou a raposa aos campos daquele que havia ateado o fogo. Era ocasião de colheita, e o homem acompanhava tudo, lamentando-se por não ter colhido nada.

É preciso ser indulgente e não enfurecer-se desmesuradamente, pois acontece que, muitas vezes, por causa da cólera há grande prejuízo para os irascíveis.

59. O HOMEM E O LEÃO (VIAJANDO JUNTOS)

Viajavam um dia um leão e um homem. Cada um contava mais vantagens que o outro. E então, no caminho, encontram uma estela[29] de pedra com um homem estrangulando um leão. O homem, mostrando-a, disse ao leão: "Vês como nós somos mais fortes do que vocês?". E este, sorrindo, disse: "Se os leões soubessem esculpir, verias muitos homens sob a pata do leão".

Há muitos que se vangloriam por palavras de serem corajosos e audaciosos, mas, quando são desmascarados, a experiência os desmente.

---

29 Monólito próprio para esculpir.

ESOPO
FÁBULAS COMPLETAS
Neide Smolka

O HOMEM E O SÁTIRO

Conta-se que certa vez um homem havia feito pacto de amizade com um sátiro[30]. Então, como tivesse chegado o inverno e com ele o frio, o homem colocava as mãos na boca e soprava. O sátiro perguntou por que ele fazia isso, e o homem disse que esquentava as mãos por causa do frio. Depois, foi posta a mesa e, estando a comida muito quente, o homem segurava pedaços pequenos e os soprava antes de levá-los à boca. Perguntando de novo o sátiro por que ele fazia isso, disse que resfriava a comida, que estava muito quente. Então o outro lhe disse: "Ora, camarada! Renuncio à tua amizade, porque tu sopras com a mesma boca o calor e o frio".

Da mesma forma, é preciso que fujamos da amizade daqueles cujo caráter é ambíguo.

[30] Os sátiros eram gênios mitológicos, originários do Peloponeso e, principalmente, da Arcádia (norte da Grécia), onde era adorado o deus Pã, de pés de cabra. Os sátiros, como ele, tinham pés, cauda e orelhas de cabra. Dizia-se que eram travestis. Imitando os sátiros, os seguidores de Dioniso passaram a usar cauda e pés de cabra nas festividades religiosas oferecidas àquele deus.

61. O HOMEM QUE QUEBROU UMA ESTÁTUA

Um homem, tendo um deus de madeira e sendo pobre, suplicava-lhe benefícios. Ora, como ele assim fizesse e ficasse cada vez mais na miséria, irritou-se, pegou o deus pelas pernas e atirou-o contra a parede. De repente, a cabeça do deus se quebrou, e dela escorreu ouro. O homem a pegou e pôs-se a gritar: "Para mim, tu és um patife, pois enquanto eu te honrava em nada me ajudavas, mas agora que te bati, me cobres de benefícios".

A fábula mostra que nada tu aproveitas honrando um homem mau e tiras vantagens se nele bateres.

62. O HOMEM QUE ENCONTROU UM LEÃO DE OURO

Um avarento medroso, tendo encontrado um leão de ouro, disse: "Não sei o que vai acontecer agora. Sinto minha inteligência anulada e não tenho o que fazer; estou dividido entre o amor pela riqueza e a minha covardia natural. Qual terá sido, pois, o acaso ou a divindade que fez um leão de ouro? Com efeito, minha alma luta com o que me acontece. Ela ama o ouro, mas teme a obra que dele foi feita. O desejo me leva a pegá-lo, e meu modo de ser, a abster-me dele. Ó fortuna dada e que não permite ser tomada! Ó tesouro que não me dá prazer! Ó graça divina que é um desfavor! E agora? De que modo agirei? A que ação recorrerei? Vou-me embora, enviando aqui meus servos acompanhados para pegarem o leão e eu, de longe, estarei observando".

A fábula se aplica a um rico que não ousa tocar em seu tesouro nem usá-lo.

63. O URSO E A RAPOSA

Um urso muito se vangloriava de amar os homens e, por isso, não comia cadáveres. A raposa lhe disse: "Oxalá despedaçasses os mortos, mas não os vivos".

Assim, a fábula reprova os ambiciosos que vivem na hipocrisia e na glória enganosa.

64. O LAVRADOR E O LOBO

Um lavrador, tendo desatrelado a junta de bois, conduziu-os ao bebedouro. Um lobo faminto e procurando comida, tendo encontrado o arado, primeiro começou a lamber toda a parte interna do jugo que prendia o boi e, depois, pouco a pouco, sem perceber, colocou o pescoço dentro dele. Não conseguindo tirá-lo dali, pôs-se a conduzir o arado pelo campo. O lavrador, ao voltar, tendo visto o lobo, disse: "Oh! pois, cabeça maldita, se pelo menos tivesses renunciado às rapinas e à pilhagem para trabalhares a terra!".

Assim, os homens maus, embora proclamem virtudes, não têm crédito, devido ao caráter que têm.

65. O ASTRÔNOMO

Um astrônomo[31] tinha por hábito sair todas as noites para observar os astros. Ora, um dia, andando pelos arredores e absorvido completamente na contemplação do céu, caiu em um poço. Como se lamentasse e gritasse, alguém que por ali caminhava ouviu seus gemidos, aproximou-se e, tomando conhecimento do ocorrido, disse-lhe: "Oh! amigo, tentando ver o que há no céu, tu não vês o que está sobre a terra?".

Poderia ser aplicada essa fábula àqueles homens que alardeiam coisas extraordinárias, mas são incapazes de se conduzir nas coisas comuns da vida.

---

[31] O termo astrólogos, utilizado no texto original, foi aqui traduzido por "astrônomo". Até o século IV a.C., "astrólogo", em grego, significou "astrônomo". Foi Epicuro quem criou o termo "astrólogo", mas não no sentido moderno. Eram astrólogos os que seguiam a sua concepção de universo dentro da teoria atomística de Demócrito (século V a.C.): a matéria é formada de átomos cujas combinações produzem todos os seres.

AS RÃS (QUE PEDEM UM REI)

Cansadas da anarquia em que viviam, as rãs enviaram legados a Zeus rogando que ele lhes desse um rei. O deus, diante da simplicidade dos legados, lançou um pedaço de madeira ao lago. As rãs a princípio se assustaram e se atiraram nas profundezas do lago.

Mas depois, como a madeira não se movesse, elas, emergindo, sentiram tal desprezo pelo rei, que lhe deram as costas e permaneceram assim, acocoradas. Aborrecidas por ter aquele rei, pediram uma segunda vez a Zeus que lhes trocasse de chefe, pois o primeiro era por demais lerdo. Zeus, irritado com isso, enviou-lhes uma hidra, que as pegou e as devorou.

A fábula mostra que é melhor ser governado por lerdos, mas não maus, do que por agitadores, mas malvados.

AS RÃS (VIZINHAS)

Duas rãs eram vizinhas. Uma morava no fundo de uma lagoa ao largo da estrada e a outra, na estrada, em uma pequena poça d'água. E então, como a do lago aconselhasse a outra a ir morar perto dela, para que tivessem uma vida melhor e mais segura, a outra não se deixou persuadir, dizendo não ser fácil ser arrancada do lugar ao qual estava habituada, até que aconteceu ser esmagada por um carro que por ali passava.

Assim, também, entre os homens, os que se ocupam de trabalhos grosseiros morrem antes de se dedicarem a tarefas melhores.

AS RÃS (NO LAGO)

Duas rãs moravam em um lago, mas, como o verão o houvesse secado, elas o deixaram em busca de outro, e encontraram um poço profundo. Assim que o viram, uma disse à outra: "Ó amiga, desçamos juntas neste poço!". A outra tomou a palavra e disse:

"E, pois, se também aqui a água secar, como poderemos subir?".

A fábula mostra que não devemos aceitar, sem refletir, tudo o que nos dizem.

A RÃ (MÉDICA) E A RAPOSA

Estando um dia uma rã no lago, gritava para todos os animais: "Eu sou médica e conheço remédios". Como uma raposa a ouvisse, disse: "Como salvarás os outros, se tu própria, sendo coxa, não te curas?".

A fábula mostra que quem não é iniciado no conhecimento não pode ensiná-lo a outros.

OS BOIS E O EIXO

Alguns bois puxavam uma carroça. Como o eixo rangesse, dirigiram-se a ele os bois, dizendo: "Ó amigo, nós é que carregamos todo o peso e tu é que gritas?".

Assim, também, alguns homens, enquanto os outros se fadigam, afetam eles próprios estarem cansados.

OS BOIS (TRÊS) E O LEÃO

Três bois sempre dividiam tudo entre si. Um leão, querendo comê-los, não o conseguia por causa de sua união. Desuniu-os, então, com palavras enganosas e os apartou uns dos outros. E, ao encontrar cada um deles separadamente, os devorou.

Se queres realmente viver sem perigo, não confies nos inimigos, mas tem confiança nos amigos e conserva-os.

O BOIADEIRO E HÉRACLES

Um boiadeiro levava a carroça à aldeia. Tendo ela caído num barranco profundo, em vez de tentar tirá-la, o boiadeiro ficava parado, invocando, entre todos os deuses, apenas Héracles, que era a quem ele mais honrava. O deus lhe apareceu e disse: "Põe as mãos nas rodas, incita os bois e suplica aos deuses enquanto tu mesmo estiveres fazendo isso, ou suplicarás em vão".

ESOPO
FÁBULAS COMPLETAS
Neide Smolka

BÓREAS E O SOL

Bóreas[32] e o Sol discutiam sobre sua força. Decidiram que a vitória seria atribuída àquele que despojasse um viajante de suas vestes. Começou Bóreas, soprando com violência, e, como o homem apertasse contra o corpo suas roupas, o vento atacou com mais força. Mas o homem, mais incomodado ainda pelo frio, segurou com mais força suas vestes, até que Bóreas, desanimado, o deixou para o Sol. O Sol brilhou moderadamente.

Como o homem tirasse suas roupas supérfluas, o deus intensificou mais o calor, até que, não podendo mais resistir, o homem tirou toda a roupa e foi tomar banho no rio vizinho.

A fábula mostra que muitas vezes a persuasão é mais eficaz que a violência.

[32] Um dos principais deuses dos ventos, ao lado de Éolo e Zéfiro. Era rápido e furioso.

O BOIADEIRO E O LEÃO

Um boiadeiro, que apascentava um rebanho de bois, perdeu um bezerro. Andou por todo lado e não o encontrou. Prometeu a Zeus que, se encontrasse o ladrão, lhe sacrificaria um cabrito. Mas, tendo entrado em um bosque e visto um leão comendo o bezerro, ficou amedrontado e elevou as mãos ao céu, dizendo: "Ó Zeus soberano, antes eu te prometi sacrificar um cabrito se encontrasse o ladrão, mas agora te imolarei um touro se eu escapar das patas do ladrão".

Essa fábula poderia ser aplicada aos homens infelizes que suplicam para encontrar o que não conhecem, mas, encontrando, querem fugir do que procuravam.

O CANÁRIO E O MORCEGO

Um canário, que estava em uma gaiola, cantava durante a noite. Um morcego ouviu de longe a sua voz e, aproximando-se, perguntou por que durante o dia ele se calava e cantava à noite. O canário disse que não fazia isso sem motivo, pois um dia, quando cantava de manhã, fora preso. Por isso, desde então se tornara prudente. O morcego disse: "Não é agora que precisas ter cuidado, quando não há mais necessidade, mas devias ter tido cuidado antes de seres preso".

A fábula mostra que, depois do infortúnio, é inútil mudar de comportamento.

76. A GATA E AFRODITE

Uma gata, estando apaixonada por um belo jovem, suplicou a Afrodite que a transformasse em mulher. A deusa apiedou-se de seu sofrimento e a transformou em uma bela moça. Assim que o jovem a viu, apaixonado, levou-a para a casa dele.

Repousavam na câmara nupcial, quando Afrodite, querendo saber se, mudando de corpo, a gata também mudara o caráter, soltou um rato no meio do quarto. Esquecida do presente momento, a jovem levantou-se do leito e perseguiu o rato, querendo comê-lo.

Indignada, a deusa a fez voltar ao estado anterior.

Assim, também entre os homens, os que são maus por natureza, embora mudem de estado, não mudam certamente de caráter.

77. A GATA E A LIMA

Uma gata, tendo entrado na oficina de um ferreiro, pôs-se a lamber uma lima que ali se encontrava. Aconteceu que, esfregando a língua, saiu muito sangue. Ficou feliz, imaginando que tirava alguma coisa do ferro, até que, finalmente, perdeu a língua.

A fábula visa àqueles que, por gostarem de discutir, prejudicam a si próprios.

O VELHO E A MORTE

Um dia, um velho, tendo cortado madeira, carregou-a nos ombros e pôs-se a andar por um longo caminho. Fatigado pela caminhada, depositou o fardo no chão e chamou a morte. Como esta aparecesse e perguntasse por que ele a chamava, o velho disse: "Para que levantes o fardo".

A fábula mostra que todo homem é amante da vida, mesmo que ela seja miserável.

O VELHO E A ÁGUIA

Um velho, tendo encontrado uma águia capturada, admirou sua beleza, soltou-a e deixou-a livre. Ela não se mostrou ingrata, mas, ao vê-lo recostado a um muro que estava ruindo, voou e pegou com suas garras o pano que cingia a cabeça dele. Ele se levantou, perseguiu-a, e a águia deixou cair o pano. O velho pegou o pano e, voltando ao lugar em que tinha estado sentado, encontrou o muro tombado e ficou admirado com a retribuição.

É preciso que os que receberam algo de bom, deem algo em troca (pois o que de bem fizeres, a ti será devolvido).

O VELHO E OS CÃES

Um lavrador, por causa do mau tempo, estava confinado no estábulo. Como não podia sair e procurar comida, comeu primeiro os cordeiros. Depois, como persistisse o mau tempo, comeu também as cabras. Finalmente, como a situação se mantivesse intermitente, também avançou sobre os bois da lavoura. Os cães, tendo visto o que acontecia, disseram uns aos outros: "Precisamos sair daqui, pois o senhor, se não perdoou nem os bois que trabalham com ele, como nos poupará?".

A fábula mostra que é preciso se precaver principalmente em relação àqueles que, injustamente, avançam até contra os que estão ao seu lado.

O LAVRADOR E A SERPENTE
(QUE LHE MATARA O FILHO)

Uma serpente, tendo-se aproximado rastejando, matou o filho de um lavrador. Este, sofrendo muito, pegou um machado e ficou à espreita, perto do buraco da serpente, para feri-la assim que ela aparecesse. Quando a serpente pôs a cabeça para fora, ele deu uma machadada, mas errou e fendeu a rocha ao lado. Em seguida, para precaver-se, convidou a serpente a reconciliar-se com ele. Mas ela disse: "Nem eu poderei ser benevolente contigo, ao ver a rocha fendida, nem tu comigo, cada vez que vires o túmulo de teu filho".

A fábula mostra que as grandes inimizades não chegam com facilidade a reconciliações.

O LAVRADOR E A SERPENTE CONGELADA

Um lavrador, tendo encontrado no inverno uma serpente congelada, sentiu pena dela, pegou-a e a pôs em seu colo. Aquecida, ela voltou ao natural, feriu seu benfeitor e o matou. E ele, morrendo, disse: "Sofro merecidamente, pois me apiedei de uma malvada".

A fábula mostra que a natureza má é imutável, mesmo quando beneficiada ao máximo.

83. O LAVRADOR E SEUS FILHOS

Um lavrador, estando para morrer e querendo que seus filhos adquirissem experiência na agricultura, chamou-os e disse: "Meus filhos, logo eu vou deixar a vida, mas vocês procurem o que está escondido em minha vinha e tudo encontrarão. Os filhos, pensando que em algum lugar ele havia enterrado um tesouro, reviraram todo o solo da vinha depois da morte do pai. E não encontraram tesouro nenhum, mas a vinha bem removida deu muito mais frutos.

A fábula mostra que o trabalho é um tesouro para os homens.

84. O LAVRADOR E A SORTE

Um lavrador, cavando, encontrou por acaso um monte de ouro. Ora, a partir daí, ele honrava a Terra todos os dias, convencido de que fora ela que o favorecera. Então lhe apareceu a Sorte[33], que lhe disse: "Ó amigo, por que atribuis à Terra os dons que te dei na intenção de enriquecer-te? Com efeito, se a situação mudar e esse ouro for para outras mãos, sei que, nessa circunstância, será a mim, a Sorte, que tu recorrerás".

A fábula mostra que é preciso reconhecer aquele que fez o bem e a esse dar o reconhecimento.

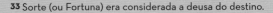

[33] Sorte (ou Fortuna) era considerada a deusa do destino.

O LAVRADOR E A ÁRVORE

Nos campos de um lavrador, havia uma árvore que não tinha frutos mas servia apenas como refúgio de pardais e de cigarras barulhentas. O lavrador, como a árvore era estéril, resolveu cortá-la. E então, tendo pegado o machado, deu o primeiro golpe. As cigarras e os pardais puseram-se a suplicar que não abatesse o seu abrigo, mas que o deixasse para que pudessem nele cantar e distrair o lavrador. O lavrador, sem se preocupar com eles, aplicou o golpe uma segunda e uma terceira vez. Como fizesse um buraco na árvore, encontrou um enxame de abelhas e mel. Experimentou-o, atirou o machado fora e passou a honrar a árvore, como se fosse sagrada, e a tomar conta dela.

Os homens, por natureza, não amam e honram o que é justo tanto quanto perseguem o que dá lucro.

OS FILHOS DO LAVRADOR (DESUNIDOS)

Os filhos de um lavrador viviam brigando. E ele, apesar de muito tentar, com suas palavras não conseguia persuadi-los a mudar. Sentiu que era preciso fazer isso por meio de atitudes e pediu-lhes que trouxessem um feixe de varas. Então, primeiro lhes deu as varas reunidas e ordenou que as quebrassem. Apesar de todo o esforço, eles não conseguiram. Em seguida, tendo desatado os feixes, deu-lhes as varas uma a uma.

Como eles as quebrassem facilmente, disse: "Pois bem, vocês também, filhos, se ficarem unidos, serão invencíveis aos inimigos, mas, se se dividirem, serão facilmente vencidos".

A fábula mostra que o que está unido é mais forte, na mesma proporção em que o desunido é vulnerável.

87. A VELHA E O MÉDICO

Uma velha, doente dos olhos, mandou chamar um médico mediante pagamento. Ele veio e, enquanto lhe fazia compressas, estando ela de olhos fechados, ele roubava um a um os seus móveis. Depois que ele roubou tudo, e estando ela curada, ele pediu o pagamento combinado. E, como ela não quisesse pagá-lo, ele a levou aos juízes. Ela disse que havia prometido um pagamento se ele curasse sua visão, mas que agora seu estado, depois de curada por ele, era pior do que antes: "Pois então eu via", disse, "e agora nada mais posso ver".

Assim, os homens maus, por sua cobiça, se esquecem de não deixar pistas contra eles.

88. A MULHER E O HOMEM (BÊBEDO)

Uma mulher tinha por marido um bêbedo. Querendo afastar dele esse vício, imaginou um artifício. Tendo observado que, quando ele estava tomado pela bebedeira, ficava justamente como um morto, carregou-o sobre os ombros, levou-o ao cemitério, deixou-o lá e se retirou. Quando julgou que ele já estava sóbrio, voltou e bateu à porta do cemitério. E, tendo ele perguntado: "Quem bate à porta?", a mulher respondeu: "Sou eu, que vim trazer comida aos mortos". E ele: "Minha cara, prefiro não comer, mas beber, e tu me fazes sofrer falando em comida, mas não, se me lembrares de bebida". A mulher, batendo no peito: "Oh! como sofro", disse, "pois nem o que tramei valeu nada. Com efeito, homem, não só não aprendeste, mas também te tornaste pior ainda, tendo teu vício se transformado em hábito".

A fábula mostra que não se deve passar o tempo praticando más ações, pois há um momento em que, mesmo que o homem não queira, o hábito se impõe.

A MULHER E AS SERVAS

Uma mulher, amante do trabalho, costumava acordar suas servas à madrugada, mal cantava o galo, para trabalhar. Elas, constantemente cansadas, decidiram matar o galo da casa. Com efeito, elas julgavam que ele era a causa de seus males, acordando a dona de madrugada. Aconteceu que, tendo elas feito isso, ficou muito mais grave a situação, pois a mulher, não tendo a indicação da hora pelo galo, as acordava ainda mais cedo para trabalhar.

Assim, para muitos homens, as próprias resoluções são a causa de seus males.

A MULHER E A GALINHA

Uma viúva tinha uma galinha que punha um ovo por dia. Imaginando que, se desse à galinha mais cevada, ela poria dois ovos por dia, passou a fazer isso. Mas a galinha ficou gorda e já não podia botar nem mesmo um ovo por dia.

A fábula mostra que os que querem mais, por cobiça, perdem até o que já têm.

91. A MULHER MÁGICA

Uma mulher mágica, exercendo sua profissão, fornecia magia e meios de apaziguar a cólera dos deuses. Jamais deixava de fazer isso e disso vivia ganhando bem. Como, sobre o caso, alguns a acusassem de inovar em matéria de religião, levaram-na à justiça e a condenaram à morte. Uma pessoa, vendo-a ser levada do tribunal, disse: "Ó tu, que exercias teu trabalho para apaziguar a cólera divina, como não consegues agora nem persuadir os homens?".

Essa fábula se aplicaria a uma mulher errante que promete grandes coisas e se mostra incapaz de fazer coisas comuns. (A fábula mostra que muitos são capazes de prometer grandes coisas, mas incapazes de fazer as pequenas.)[34]

92. A NOVILHA E O BOI

Uma novilha, ao ver um boi trabalhando, tinha pena dele por seu sofrimento. Mas depois, quando se deu uma solenidade religiosa, desatrelaram o boi e pegaram a novilha para cortar-lhe a cabeça. Ao ver isso, o boi sorriu e lhe disse: "Ó novilha, era essa a razão de antes estares ociosa, porque logo serias imolada".

A fábula mostra que o perigo espreita o ocioso.

93. O CAÇADOR COVARDE E O LENHADOR

Um caçador procurava a pista de um leão. Tendo perguntado a um lenhador se ele vira pegadas de leão e se sabia onde ele dormia, obteve como resposta: "Vou-te mostrar já o próprio leão". O caçador ficou pálido de medo e, batendo os dentes, disse ao lenhador: "Estou procurando apenas a pista, não o próprio leão".

A fábula se aplica aos audaciosos, mas fracos, audaciosos em palavras e não em ações.

---

[34] Alguns manuscritos apresentam a moral que aqui aparece entre parênteses.

O PORCO E OS CORDEIROS

Um porco se misturou a um rebanho de cordeiros e pôs-se a pastar com eles. Um dia, o pastor o pegou e ele começou a gritar e a dar coices. Os cordeiros lhe perguntaram por que gritava e lhe disseram: "Nós, a quem ele constantemente pega, não choramos", ao que o porco respondeu: "Mas ele não nos pega, a mim e a vocês, da mesma forma. A vocês ele pega ou por causa da lã ou por causa do leite, e a mim, por causa da carne".

A fábula mostra que têm razão de gemer aqueles que estão sob perigo, não quanto aos bens, mas quanto à própria salvação.

OS DELFINS, AS BALEIAS E O GUJÃO

Delfins e baleias lutavam uns contra os outros. Como a batalha se prolongasse de forma violenta, um gujão (um peixe pequeno) emergiu e tentou reconciliá-los. Um dos delfins, então, tomou a palavra e lhe disse: "Ora, para nós é menos humilhante lutar e sermos destruídos uns pelos outros do que ter a ti como mediador".

Assim, alguns homens sem nenhum valor, quando caem em um momento de agitação, imaginam ser alguém.

O ORADOR DEMADES

O orador Demades[35] falava um dia em Atenas, quando, vendo que não prestavam muita atenção ao seu discurso, pediu ao povo que lhe permitisse contar uma fábula de Esopo.

Como concordassem com ele, começou dizendo: "Deméter, uma andorinha e uma enguia seguiam pelo mesmo caminho. Chegando à beira de um rio, a andorinha alçou voo e a enguia jogou-se na água". E, tendo dito isso, calou-se. Perguntaram-lhe então:

"E, pois, o que fez Deméter?". E ele disse: "Ela ficou irritada com vocês, que deixaram de lado os negócios públicos para prestar atenção a fábulas de Esopo".

Do mesmo modo, são loucos os homens que menosprezam o que é necessário e preferem o que lhes dá prazer.

---

[35] Demades (século IV a.C.) não deixou nenhum escrito. Falava de improviso e de forma bruta e popularesca. O seu modo de discursar, porém, causava grande impressão em seus contemporâneos, razão pela qual foi bastante prestigiado em Atenas. Trata-se, é claro, de texto apócrifo, assim como os de número 97 e 98, apesar de apresentarem como título *Aisópou Mythoi*.

97. DIÓGENES E O CALVO

Diógenes[36], o filósofo cínico, insultado por um calvo, disse: "Eu não te insulto; não ousaria, mas elogio os cabelos que caíram desse crânio malvado".

98. DIÓGENES EM VIAGEM

Diógenes, o cínico, estando em viagem, parou diante de um rio que transbordava, sem saber o que fazer. Um homem que estava acostumado a atravessar o rio aproximou-se ao ver Diógenes hesitante, levantou-o nos ombros e gentilmente o levou até a outra margem. E, quando lá estava, Diógenes pôs-se a censurar-se a si mesmo por sua pobreza que o impedia de retribuir a gentileza. Ainda pensava nisso, quando o homem, tendo visto outro viajante que não podia atravessar o rio, correu até ele e o levou até a outra margem. Então, Diógenes aproximou-se dele e disse: "Eu é que não mais te agradeço pelo que fizestes, pois vejo que não é por decisão tua que assim ages, mas porque isso passou a ser para ti uma doença".

A fábula mostra que aqueles empenhados em fazer o bem tanto para pessoas de valor como para os que nada são, expõem-se a passar não por benfeitores, mas por pessoas sem discernimento.

---

[36] Diógenes (séculos V a IV a.C.) foi o maior discípulo de Antístenes, fundador da escola cínica. Essa escola filosófica menosprezava a ciência especulativa e acreditava que o único conhecimento legítimo era o da virtude. Os cínicos visavam o desenvolvimento da moral prática.

99. OS CARVALHOS E ZEUS

Os carvalhos se queixavam a Zeus, dizendo: "É inútil termos vindo ao mundo, pois, mais que todas as outras árvores, somos expostos a golpes violentos do machado". E Zeus: "Vocês mesmos são a causa de sua infelicidade. Se, pois, não produzissem o cabo do machado e não fossem úteis à carpintaria e à agricultura, o machado não os abateria".

Algumas pessoas, elas próprias causadoras de seus males, censuram e tolamente culpam a divindade.

100. OS LENHADORES E O PINHEIRO

Alguns lenhadores cortavam um pinheiro e o cortavam com facilidade pelas cunhas que haviam feito da própria árvore. E o pinheiro disse: "Eu não me queixo tanto do machado que me corta quanto das cunhas que nasceram de mim".

Não é tão terrível sofrer algo de mau da parte de homens estranhos quanto da parte de familiares.

101. O ABETO E A SARÇA

Discutiam entre si um abeto e uma sarça. O abeto se vangloriava, dizendo que "sou belo e sirvo para construir tetos de templos e navios; como tu ousas comparar-te a mim?". E a sarça disse: "Se tu te lembrasses dos machados e dos serrotes que te cortam, gostarias muito de ser uma sarça".

Não se deve na vida orgulhar-se do próprio valor, pois só a vida dos humildes não corre perigo.

O VEADO (NA FONTE) E O LEÃO

Um veado, acometido pela sede, aproximou-se de uma fonte. Depois de beber, como visse sua sombra na água, ficou feliz com o tamanho e o aspecto singular de seus chifres, mas não gostou nada de suas pernas, por serem finas e fracas. Ainda pensava sobre isso, quando apareceu um leão, que começou a persegui-lo. Pondo-se em fuga, ficou a bastante distância, pois a força que têm os veados nas pernas a têm os leões no coração. Até onde a planície era nua, a distância o mantinha salvo. Depois, quando o trecho tornou-se arborizado, aconteceu que seus chifres ficaram presos aos ramos e, impedido de correr, foi apanhado. Quando estava para morrer, disse para si mesmo: "Como sou infeliz, eu que deveria ter sido traído por minhas pernas, por elas fui salvo, e os chifres, em que tanto confiei, perdi-me por causa deles".

Assim, muitas vezes, no perigo, aqueles amigos dos quais suspeitamos é que nos salvam, e aqueles em que tanto acreditamos nos traem.

**ESOPO
FÁBULAS COMPLETAS**
Neide Smolka

103. O VEADO E A VINHA

Um veado, fugindo de caçadores, escondeu-se em uma vinha. Pouco depois, os caçadores passaram e, acreditando que estava bem escondido, o veado começou a comer as folhas da vinha. Como as folhas se agitassem, os caçadores, que passavam de volta, julgaram corretamente que um animal se escondia sob as folhas e mataram o veado a flechadas. Já à morte, o veado disse: "Sofro merecidamente, pois não devia ter prejudicado quem me salvou".

A fábula mostra que os injustos em relação aos seus benfeitores são punidos por uma divindade.

104. O VEADO E O LEÃO (EM UM ANTRO)

Um veado, fugindo de caçadores, chegou à entrada de um antro onde estava um leão.
    O veado entrou ali para se esconder, mas foi apanhado pelo leão e, enquanto este o matava, ele dizia: "Como sou infeliz, eu que, fugindo de homens, joguei-me a uma fera".

Assim, alguns homens, por medo de um pequeno perigo, atiram-se eles próprios a outro maior.

105. O VEADO CAOLHO

Um veado, privado de um de seus olhos, estava à beira do mar e ali pastava, tendo o olho intato voltado para a terra, para prevenir-se quanto à chegada de caçadores, e o olho mutilado voltado para o mar, de onde supunha não vir perigo algum. Então, alguns homens que navegavam por ali o viram e o abateram. E, enquanto deixava seu espírito, disse o veado a si mesmo: "Na verdade, sou um infeliz, eu que vigiava a terra como insidiosa, quando muito mais funesto foi o mar, onde eu tinha procurado refúgio".

Assim, muitas vezes, se reconsiderarmos nossas avaliações, veremos que certas coisas que nos parecem ruins são vantajosas, e as que julgamos salutares são prejudiciais.

106. O CABRITO (DENTRO DE CASA) E O LOBO

Um cabrito que se encontrava dentro de uma casa viu passar um lobo e começou a injuriá-lo e a rir-se dele. E o lobo lhe disse: "Ó idiota, não és tu que me injurias, mas sim o lugar em que estás".

A fábula mostra que muitas vezes não é só o lugar, mas também a ocasião que encoraja alguém a desafiar os mais fortes.

107. O CABRITO E O LOBO (QUE TOCA FLAUTA)

Um cabrito, tendo ficado para trás do rebanho, era perseguido por um lobo. Virando-se, o cabrito diz ao lobo: "Eu sei, lobo, que vou ser tua comida. Mas, a fim de que eu não morra sem honra, toca flauta para que eu dance". O lobo tocou a flauta, e o cabrito dançou, e, desse modo, os cães ouviram, partiram contra o lobo e o caçaram. O lobo, então, virou-se para o cabrito e disse: "É bom que isso me aconteça, pois eu, sendo um carniceiro, não deveria tocar flauta".

Assim, os que fazem algo deixando de dar atenção à circunstância perdem o que têm nas mãos.

108. HERMES E O ESCULTOR

Hermes, querendo saber o quanto era honrado pelos homens, assumiu a forma de um deles e foi à oficina de um escultor. E, como visse uma estátua de Zeus, perguntou quanto custava. Tendo-lhe dito o outro que custava uma dracma, ele quis saber o preço de uma Hera. O escultor disse que era ainda mais cara, e, ao ver também uma estátua dele próprio, Hermes presumiu que se, além de mensageiro, era também deus do ganho, os homens o tinham em alta estima. Por isso, perguntou Hermes o preço da estátua, e o escultor disse: "Bem, se comprares aquelas, essa eu te darei de graça".

Essa fábula se aplica ao homem vaidoso que não tem pelos outros nenhuma consideração.

109. HERMES E A TERRA

Zeus, tendo modelado o homem e a mulher, ordenou a Hermes que os levasse à Terra e lhes mostrasse o lugar onde cavá-la para encontrar alimento. Tendo Hermes feito o ordenado, a Terra a princípio resistiu, mas como Hermes a obrigasse, dizendo que era ordem de Zeus, ela falou: "Bem, que eles cavem o quanto quiserem, pois, em troca, eu lhes darei gemidos e choros por causa disso".

A fábula é oportuna para os que emprestam facilmente, mas em troca dão sofrimento.

110. HERMES E TIRÉSIAS

Hermes, querendo investigar se a arte de adivinhação de Tirésias[37] era verdadeira, roubou os bois do adivinho que estavam no campo, foi ter com ele na cidade, sob a forma de um mortal, e a ele se apresentou. Avisado da perda da junta de bois, Tirésias levou Hermes para os arredores, para observar algum sinal sobre o roubo. Tirésias pediu a Hermes que dissesse que tipo de pássaro ele via. Hermes primeiro viu uma águia voando da direita para a esquerda e descreveu a cena. Tirésias disse que esse pássaro não interessava. Numa segunda vez, viu o deus uma gralha, pousada numa árvore, olhando ora para cima, ora para a terra, e explicou isso ao adivinho. Tirésias, tomando a palavra, disse: "Bem, pelo menos essa águia jura pelo Céu e pela Terra que, se quiseres, encontrarei meus bois".

Poder-se-ia aplicar essa fábula a um ladrão.

111. HERMES E OS ARTESÃOS

Zeus encarregou Hermes de disseminar por todos os artesãos o veneno da mentira.

Hermes triturou o veneno e, tendo-o dividido em porções iguais, as espalhou. Mas, como restava apenas um sapateiro e houvesse ainda muito veneno, Hermes pegou o pó e o jogou sobre ele. Depois disso, todos os artesãos passaram a mentir, mas, mais que todos, os sapateiros.

A fábula se aplica ao homem de argumentos mentirosos.

---

[37] Tirésias foi o maior adivinho da Antiguidade. De fato, as adivinhações exerceram papel muito importante na religião grega. Os helenos acreditavam plenamente na vontade que tinham os deuses de informar o futuro através de presságios e nunca duvidaram da possibilidade que tinham de, por meio de sinais e de sonhos, prever os acontecimentos. Esses sinais e sonhos geralmente eram decifrados pelos adivinhos, que usavam técnicas especiais para essa interpretação. Os adivinhos (mânteis) e os intérpretes de sonhos (oneiropóloi) gozavam de grande reputação. O fato de Tirésias ser cego concorreu de forma positiva para o aumento de seu prestígio.

112. O CARRO DE HERMES E OS ÁRABES

Um dia, Hermes, conduzindo por toda a terra um carro cheio de mentiras, de maldades e de fraudes, em cada região ia distribuindo um pouco da carga. Mas, quando chegou ao país dos árabes, diz-se que o carro de repente quebrou. E os árabes, como era uma carga preciosa, pilharam o carro e não deixaram que o deus fosse a outros povos.

Os árabes, mais que qualquer outro povo, são mentirosos e enganadores; com efeito, em sua língua não há verdade.[38]

113. O EUNUCO E O SACRIFICADOR

Um eunuco foi ao encontro de um sacrificador, pedindo-lhe que fizesse um sacrifício em seu favor, a fim de que ele se tornasse pai de crianças. O sacrificador disse: "Quando eu ofereço o sacrifício, peço que tu te tornes pai, mas, quando ponho os olhos em ti, não me pareces um homem".

---

[38] A crítica feita aos árabes era muito comum entre os gregos, que os consideravam os mais bárbaros dos bárbaros. Para os helenos, todos eram bárbaros, salvo eles próprios. Diziam que os outros falavam de forma esquisita, mais ou menos como *bah-bah-bah*. Daí surgiu a palavra "bárbaro".

OS DOIS INIMIGOS

Dois homens que se odiavam navegavam num mesmo barco, estando um na popa e outro na proa. Como caísse uma tempestade e o barco estivesse já para naufragar, o que estava na popa perguntou ao piloto qual das partes imergiria primeiro. Como o piloto dissesse que era a proa, ele falou: "Então, pelo menos para mim, não haverá tristeza na morte, se vou ver meu inimigo morrer antes de mim".

A fábula mostra que muitos homens não se preocupam nem um pouco com seus próprios prejuízos, se puderem ver seus inimigos prejudicados antes deles.

A VÍBORA E A RAPOSA

Uma víbora era levada pelo rio sobre um feixe de arbustos. Uma raposa que passava, ao vê-la, disse: "O piloto é digno da nau".

Ao homem mau que se mete em ações perversas.

A VÍBORA E A LIMA

Uma víbora, tendo entrado na oficina de um ferreiro, pôs-se a pedir aos instrumentos que lhe dessem alguma coisa. Depois de ter recebido algo dos demais instrumentos, dirigiu-se à lima. E a lima, tomando a palavra, disse: "Mas és tola de fato, julgando que vais obter algo de mim, eu que costumo não dar nada a ninguém, mas tirar".

A fábula mostra que são tolos os que esperam tirar algum proveito dos avarentos.

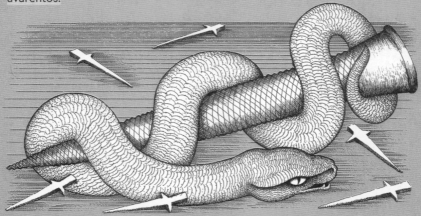

117. A VÍBORA E A HIDRA

Uma víbora bebia regularmente de uma fonte. Uma hidra que lá vivia ficou irritada, porque a víbora, não satisfeita com o próprio terreno, invadia também o seu domínio. Como a querela se intensificasse, decidiram disputar numa luta a possessão tanto da água como da terra. Fixado o dia, as rãs, por ódio da hidra, se aproximaram da víbora e a incitaram, prometendo também ser suas aliadas. Durante o combate, enquanto a víbora lutava contra a hidra, as rãs, nada mais podendo fazer, emitiam altos gritos. A víbora, tendo vencido, repreendeu-as porque haviam prometido combater com ela, e não só não haviam saído em seu socorro, como também se limitavam a cantar. E as rãs lhe disseram:

"Mas entende, ó minha cara, a nossa ajuda não é através das mãos, mas apenas pela voz".

A fábula mostra que, quando se tem necessidade das mãos, o socorro através de palavras de nada serve.

118. ZEUS E O PUDOR

Zeus, tendo modelado os homens, colocou neles diversas tendências, esquecendo-se apenas de introduzir o pudor. Em seguida, não tendo onde colocá-lo, ordenou-lhe que entrasse pelo reto. Ele primeiro revoltou-se contra a ordem. Depois, como o deus muito o pressionasse, disse: "Bem, eu entro, mas desde que Eros não entre; se ele entrar, eu sairei imediatamente". Na verdade, daí decorre que todos os pornográficos não têm pudor.

A fábula mostra que aqueles que são tomados pela paixão perdem a vergonha.

119. ZEUS E A RAPOSA

Zeus, maravilhado com o espírito inteligente e versátil da raposa, confiou-lhe a realeza dos animais irracionais. Mas, querendo saber se a mudança da sorte mudara também seus hábitos de cobiça, lançou diante dos olhos dela um escaravelho, enquanto ela era levada em uma liteira. Então, incapaz de manter-se parada quando o escaravelho começou a rodear a liteira, a raposa pulou fora e, toda atrapalhada, tentou pegá-lo. Zeus, indignado com sua conduta, devolveu à raposa o antigo estado.

A fábula mostra que os homens vulgares, mesmo que atinjam brilhante aparência, certamente não mudam sua natureza.

120. ZEUS E OS HOMENS

Zeus, tendo modelado os homens, ordenou a Hermes que derramasse a inteligência sobre eles. Hermes, tendo-a dividido em partes iguais, derramava-a sobre cada um. Aconteceu então que os homens pequenos, repletos da porção que lhes cabia, tornaram-se sensatos, e os altos, como a porção não atingisse todo o corpo (nem até os joelhos), tornaram-se mais insensatos.

A fábula aplica-se ao homem alto de corpo, mas desprovido de espírito.

121. ZEUS E APOLO

Zeus e Apolo[39] disputavam o tiro ao alvo. Como Apolo distendesse seu arco e atirasse a flecha, Zeus distendeu a perna da mesma forma como Apolo tinha distendido o arco.

Assim, os que lutam contra os mais fortes não os atingem e se expõem ao riso.

122. ZEUS E A SERPENTE

Como Zeus se casasse, todos os animais lhe trouxeram presentes, cada um de acordo com suas posses. Uma serpente, rastejando, subiu até ele, levando uma rosa na boca.

Zeus a viu e disse: "Recebo presentes de todos os outros, mas de tua boca não aceito nada, de forma alguma".

A fábula mostra que são dignos de medo os favores dos maus.

123. ZEUS E O TONEL DE BENS

Zeus, tendo fechado todos os bens em um tonel, deixou-o com um homem. Este, curioso, querendo saber o que havia dentro do tonel, levantou a tampa e todos os bens voaram para os deuses.

Uma única esperança resta aos homens: que lhes sejam devolvidos os bens perdidos.

---

[39] Apolo era filho de Zeus e da mortal Latona e irmão gêmeo de Artemis (Diana romana). Ao nascerem, ambos, em vez de serem amamentados pela mãe, receberam néctar e ambrosia, alimento dos deuses que os tornou imortais. Entre outras atribuições, Apolo era o deus da música, da poesia, da medicina e da harmonia, sendo o responsável pela regularidade do mundo. Era o deus inspirador do Oráculo de Delfos.

124. ZEUS, PROMETEU, ATENA E MOMO

Tendo Zeus feito um touro; Prometeu, um homem; e Atena, uma casa, tomaram Momo como juiz.[40] Como este invejasse os trabalhos, começou dizendo que Zeus havia errado não pondo os olhos do touro sobre os chifres, para que visse onde atacava; Prometeu, por não ter colocado o coração dos homens do lado de fora, para que os maus não passassem despercebidos e cada um deixasse claro o que tinha em seu espírito, e, em terceiro lugar, disse que Atena devia ter feito a casa com rodas, a fim de que, se um malvado viesse a ser seu vizinho, facilmente ela pudesse mudar de lugar. Zeus, indignado por sua inveja, expulsou-o do Olimpo.[41]

A fábula mostra que não há nada tão perfeito que não seja digno de crítica.

125. ZEUS E A TARTARUGA

Zeus, celebrando suas núpcias, convidou todos os animais. Só a tartaruga faltou. Não sabendo o motivo, no dia seguinte, o deus perguntou-lhe por que só ela não tinha ido à festa. E ela disse: "Casa amiga, casa melhor". Indignado com ela, condenou-a a levar a todo lugar sua casa às costas.

Assim, muitos homens preferem viver simplesmente em casa do que comer suntuosamente na casa dos outros.

---

[40] Prometeu pertencia à raça dos Titãs, geração divina advinda da união entre o Céu (Óuranos) e a Terra (Gaia), cujo deus-chefe era o Tempo (Cronos). Prometeu amava os homens e teria sido mesmo, segundo a tradição divina, o seu criador, por ordem de Zeus. O fato de querer bem à raça humana levou-o a, em defesa dela, desagradar profundamente o deus soberano. Ensinou aos homens, entre outras coisas, o uso do fogo e de plantas medicinais. Atena, deusa da sabedoria. Segundo é relatado por autores antigos, como Hesíodo (século VIII a.C.), saíra Atena diretamente da cabeça de Zeus, não tendo, portanto, mãe. Momo, filho do Sono e da Noite, era temido por deuses e homens por sua zombaria e seu sarcasmo. Mantinha sempre no rosto um sorriso e a todos dirigia ditos ferinos. Segundo a lenda, teria sido expulso do Olimpo pelos deuses, passando, desde então, a viver entre os homens.

[41] O Olimpo, moradia dos deuses, fica nas fronteiras da Tessália (região da Grécia) com a Macedônia.

ESOPO
FÁBULAS COMPLETAS
Neide Smolka

126. ZEUS JUIZ

Zeus decidiu que Hermes inscrevesse sobre conchas as faltas dos homens e que as depositasse perto dele numa caixinha, a fim de que ele fizesse justiça a cada um. Como as conchas se misturassem entre elas, umas chegaram mais cedo e outras, mais tarde, às mãos de Zeus, para que pudessem ser julgadas com justiça.

Não se deve ficar admirado se os injustos e os maus não recebem tão depressa o castigo por suas faltas.

127. O SOL E AS RÃS

No verão, celebravam-se as bodas do Sol. Todos os animais alegravam-se com isso e contentes também estavam as rãs. Mas uma delas disse: "Ó tolas, por que estão contentes? Com efeito, se sozinho o Sol já seca todo o lodo, caso se case e gere uma criança semelhante a ele, o que de mau não teremos de sofrer?".

Muitos, tendo a cabeça oca, alegram-se com coisas que não trazem alegria.

128. A MULA

Uma mula, tendo engordado com cevada, começou a pular, gritando para si mesma: "Meu pai é um cavalo rápido na corrida e eu sou exatamente como ele". Então, chegou um dia em que a mula teve necessidade de correr. Terminada a corrida, ela, triste, lembrou-se de repente de seu pai asno.

A fábula mostra que é preciso, mesmo que o tempo leve uma pessoa à glória, que ela não se esqueça de sua própria origem, pois esta vida não é senão incerteza.

129. HÉRACLES E ATENA

Héracles andava por um caminho estreito. Tendo visto no chão um objeto parecido com uma maçã, quis esmagá-lo. Como observasse o objeto dobrar de tamanho, ainda mais o pisou e nele bateu com seu porrete. O objeto, porém, inflou e aumentou de tamanho, obstruindo o caminho. Ele atirou longe o porrete e ficou admirando o acontecido. Então, Atena lhe apareceu e disse: "Para, irmão, esse objeto é a disputa e a discórdia. Se o deixarmos tranquilo, fica como estava antes, mas, se o combatermos, ele infla".

Para todos é claro que os combates e as discórdias são causas de grande mal.

130. HÉRACLES E PLUTO

Héracles, aceito como um igual pelos deuses e recebido à mesa de Zeus, saudava cada um dos deuses com muita cortesia. Então, como Pluto[42] chegasse por último, Héracles voltou os olhos para o chão e virou-lhe as costas. Zeus, admirado com o ocorrido, perguntou-lhe por que, tendo cumprimentado com alegria todas as divindades, só desviara o olhar de Pluto. Héracles disse: "Se eu desvio o olhar dele é porque, no tempo em que eu estava entre os homens, eu o via quase sempre junto aos maus".[43]

A fábula poderia ser aplicada a um homem enriquecido pela sorte, mas mau de caráter.

---

[42] Pluto era o deus da riqueza. Diziam alguns que era filho de Deméter (Ceres romana).

[43] A fala final de Héracles mostra bem a complexidade de sua verdadeira situação entre os gregos. A frase dá a entender que ele teria sido um herói ou um semideus que se teria convertido efetivamente em um deus.

131. O HERÓI

Uma pessoa, tendo um altar de um herói em sua casa, oferecia-lhe muitos sacrifícios. Como sempre gastasse com isso uma fortuna, o herói lhe apareceu uma noite e disse: "Para, meu caro, de dilapidar teus bens, pois, se gastas tanto, ficas pobre e me julgarás o responsável".

Assim, muitas pessoas infelizes por causa de sua própria ignorância responsabilizam os deuses.

132. O ATUM E O DELFIM

Um atum, perseguido por um delfim, fazia muito barulho. Quando estava para ser aprisionado, sem querer, a força de seu ardor jogou-o sobre a margem. Pelo mesmo impulso, o delfim também foi ali atirado. E o atum, ao virar-se e ver o outro morrendo, disse: "Eu é que não fico mais triste de morrer, pois vejo morrendo comigo o causador da minha morte".

A fábula mostra que os homens facilmente suportam as infelicidades quando veem que delas partilham também os seus causadores.

133. O MÉDICO (IGNORANTE)

Um médico era um ignorante. Tratava de um doente, enquanto todos os médicos diziam que ele não corria perigo, embora fosse permanecer doente por muito tempo. Só o médico ignorante recomendou ao doente que tomasse todas as providências: "pois não passarás de amanhã". Disse isso e saiu. Depois de algum tempo, o doente levantou-se e saiu andando, pálido e com dificuldade. O médico, tendo-o encontrado, disse: "Bom dia! Como vão os que moram lá embaixo?". E o doente disse: "São tranquilos, porque beberam da água do Letes[44]. Mas, há pouco, a Morte[45] e Hades[46] faziam terríveis ameaças a todos os médicos por não deixarem morrer os doentes e inscreveram seus nomes num registro. Eles iam inscrever-te, mas eu, jogando-me aos pés deles e suplicando, jurei-lhes que tu não eras médico de verdade e que te haviam inscrito erradamente".

A presente fábula condena os médicos sem conhecimento e sem talento mas que falam bem.

134. O MÉDICO E O DOENTE

Um médico tratava de um doente. Este morreu e aquele dizia aos acompanhantes do cortejo: "Este homem, caso se tivesse privado de vinho e se tivesse usado lavagens, não teria morrido". Um dos presentes tomou a palavra e disse: "Ó meu querido amigo, não devias dizer isso agora, quando nada mais é possível, mas devias tê-lo aconselhado quando ele ainda podia tirar proveito disso".

A fábula mostra que se deve prestar auxílio aos amigos na ocasião certa e não depois, levianamente, quando seus negócios não têm mais jeito.

---

[44] Letes era o rio que levava os mortos aos Infernos.

[45] A Morte personificada recebe realmente o nome de Tánatos ("morte", em grego). Seria filha da Noite e irmã do Sono.

[46] Hades (Plutão romano) era o deus do mundo subterrâneo. Irmão de Zeus e de Posidão (Netuno romano), com eles dividia o império do mundo. A lenda mais importante sobre Hades é a que conta que ele, apaixonado por Perséfone, filha de Deméter, a teria raptado e levado para os Infernos. Deméter, deusa da terra e do seu cultivo, deixa de lado suas atribuições e põe-se apenas a chorar. O seu pranto transforma-se em chuva, e as terras ficam tão alagadas que não conseguem produzir. Os deuses reúnem-se no Olimpo e chamam Deméter e Hades, decidindo então que metade do ano Perséfone ficaria com a mãe e a outra metade, nos Infernos. Teriam surgido daí as estações do ano: primavera e verão, quando a jovem está com a mãe, e outono e inverno, quando ela está com Hades.

O MILHAFRE E A SERPENTE

Um milhafre pegou uma serpente e a levou pelos ares, mas ela virou-se e o mordeu. Como ambos caíssem do alto, o milhafre morreu. E a serpente lhe disse: "Por que foste tão louco a ponto de prejudicar a quem em nada te fez mal? Mas és castigado merecidamente, por me teres raptado".

Se alguém, por cobiça, faz mal aos mais fracos, e se esse mal cai sobre uma pessoa mais forte, contrariando suas expectativas, ele é que vai pagar pelo mal que fez.

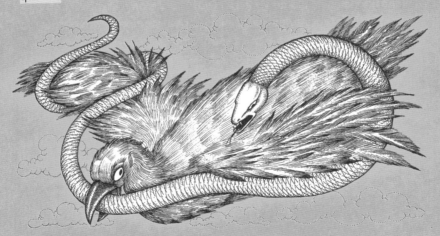

136. O MILHAFRE QUE RELINCHA

Um milhafre tinha antes uma voz aguda. Mas, tendo ouvido um cavalo relinchando de uma bela forma, queria constantemente imitá-lo. Ao fazer isso, não conseguiu aprender exatamente a voz do cavalo e perdeu a sua própria, não ficando nem com a voz do cavalo nem com a que tinha antes.

Pessoas vulgares e ciumentas, invejando os que têm natureza diferente da sua, acabam por perder sua própria natureza.

137. O CAÇADOR DE PASSARINHOS E A ÁSPIDE

Um caçador de passarinhos, tomando com ele visco e a armadilha de galhinhos, foi à caça. Como visse um tordo sobre uma árvore muito alta, quis pegá-lo. Então, reuniu os galhinhos pelo comprimento, enquanto olhava fixamente para cima, prestando toda atenção ao ar. E, olhando para o alto, não percebeu que colocava os pés sobre uma áspide adormecida, que acordou, virou-se para ele e lhe deu uma dentada. O caçador, morrendo, disse para si mesmo: "Como sou infeliz! Ao querer caçar uma presa, eu próprio, sem perceber, me tornei presa da morte".

Assim, os que tramam planos contra o próximo, eles próprios são os primeiros a cair em desgraça.

138. O CAVALO VELHO

Um cavalo velho foi vendido para trabalhar na moenda. Quando se viu preso ao moinho, pôs-se a gemer, dizendo: "Depois de tantas corridas, a que tipo de voltas estou reduzido!".

Que alguns não se gabem demais da força da juventude e do renome, pois para muitos a velhice se consome em sofrimentos.

139. O CAVALO, O BOI, O CÃO E O HOMEM

Quando Zeus criou o homem, deu-lhe pouco tempo de vida. Mas, fazendo uso da inteligência, quando veio o inverno o homem construiu uma casa e ali vivia. Ora, um dia, o frio estava tão violento — e Zeus ainda mandou chuva — que um cavalo, não podendo ficar ao relento, correu até o homem e lhe pediu que o abrigasse. O homem disse que não faria isso, a não ser que o cavalo lhe desse uma parte dos anos de vida que eram dele. Este, de boa vontade, os cedeu. Não muito depois, apareceu um boi, que também não podia suportar o mau tempo. Da mesma forma, o homem respondeu que não o receberia, a não ser que ele lhe desse um certo número de seus anos de vida. E o boi deu a sua parte e foi recebido. Finalmente, surgiu um cão morrendo de frio e, cedendo parte de seu próprio tempo de vida, conseguiu abrigo. Assim, resultou que os homens, quando vivem o tempo dado por Zeus, são puros e bons; quando vivem os anos que eram do cavalo, são gloriosos e altaneiros; quando chegam aos anos do boi, começam a comandar, mas, atingindo o tempo que era destinado ao cão, tornam-se irascíveis e rabugentos.

Poder-se-ia aplicar essa fábula a um velho violento e intratável.

140. O CAVALO E O CAVALARIÇO

Um cavalariço, tendo roubado a cevada do cavalo e tendo-a vendido, esfregava o cavalo e o escovava o dia inteiro. Mas disse o cavalo: "Se queres, na verdade, que eu fique belo, não vendas mais a cevada que me alimenta".

Os ambiciosos, enquanto atraem os pobres com palavras sedutoras e com lisonjas, tiram deles até o que é necessário.

141. O CAVALO E O ASNO

Um homem tinha um cavalo e um asno. Enquanto andavam por uma estrada, disse o asno ao cavalo: "Pega uma parte da minha carga, se queres que eu viva". O outro não atendeu, e o asno caiu e morreu de fadiga. O dono, então, colocou tudo sobre o cavalo, mesmo a pele do asno. E o cavalo, gemendo, gritava: "Ai de mim, infeliz! O que me aconteceu, miserável? Com efeito, por não querer carregar um peso leve, eis que levo tudo, até a pele do asno!".

A fábula mostra que, se os grandes se aliarem aos pequenos, uns e outros terão sua vida salva.

142. O CAVALO E O SOLDADO

Um soldado, durante o tempo de guerra, tinha alimentado com cevada seu cavalo, companheiro de todas as situações. Quando a guerra terminou, o cavalo passou a ser empregado em trabalhos servis e para carregar fardos pesados, sendo alimentado só de palha. Como, no entanto, fosse anunciada uma nova guerra e soasse a trombeta, o dono arriou o cavalo, armou-se ele próprio e partiu. Mas o cavalo a toda hora caía, sem força alguma. E disse ao dono: "Vai para junto dos hoplitas[47] rápido, pois me transformaste em asno, e como queres de um asno ter de novo um cavalo?".

Em tempo de segurança e de descanso, não se deve esquecer dos tempos de infelicidade.

---

[47] Hoplitas eram soldados de infantaria fortemente armados, com lanças e um grande escudo.

O CANIÇO E A OLIVEIRA

Sobre sua resistência, força e firmeza discutiam um caniço e uma oliveira. Enquanto o caniço era censurado pela oliveira por sua impotência e facilidade em ceder a todos os ventos, ele se mantinha calado e não respondia. Pouco tempo depois, quando o vento começou a soprar forte, o caniço, sacudido e curvado pelos ventos, facilmente se salvou, mas a oliveira, quando resistiu aos ventos, foi derrubada pela violência deles.

A fábula mostra que os que cedem tanto à circunstância como aos mais fortes levam vantagem em relação aos que rivalizam com os poderosos.

O CAMELO (QUE DEFECOU NO RIO)

Um camelo atravessava um rio de corrente rápida. Tendo defecado e visto seu excremento sendo levado rapidamente pela correnteza, disse: "O que é isso? O que estava atrás de mim agora eu vejo passando na minha frente!".

A uma cidade em que os últimos e os imbecis é que dominam em vez dos primeiros e dos sensatos.

145. O CAMELO, O ELEFANTE E O MACACO

Como os bichos deliberassem para escolher um rei, o camelo e o elefante apresentaram-se como candidatos, na esperança de que, por sua altura e sua força, tivessem a preferência entre todos. O macaco, porém, disse que nenhum dos dois era adequado para reinar: "O camelo porque não se encoleriza contra os malfeitores, e o elefante porque teme que um porquinho, do qual tem medo, nos ataque".

A fábula mostra que muitos dos grandes empreendimentos são impedidos por uma pequena causa.

146. O CAMELO E ZEUS

Um camelo, tendo visto um touro prevalecendo-se de seus chifres, ficou com inveja e quis ele também obtê-los. Por isso, foi ao encontro de Zeus e suplicou-lhe que lhe concedesse chifres. Mas Zeus, indignado com o camelo por não se contentar com a altura e a força que tinha, não só não lhe deu chifres, mas também cortou uma parte de suas orelhas.

Assim, muitos, por cobiça, olham os outros com inveja e não percebem que perdem vantagens que lhes são próprias.

147. O CAMELO DANÇADOR

Um camelo cujo próprio dono obrigava a dançar disse: "Não é só quando danço que eu manco, mas também quando ando".

A fábula convém a todo trabalho desprovido de graça.

O CAMELO VISTO PELA PRIMEIRA VEZ

Quando um camelo foi visto pela primeira vez, os homens ficaram com medo e, impressionados com seu tamanho, fugiam. Mas, passado algum tempo, conheceram sua doçura e animaram-se a ponto de se aproximarem. Percebendo, pouco a pouco, que o animal não se encolerizava, vieram a menosprezá-lo de tal forma que colocaram nele uma rédea e o deram para as crianças o conduzirem.

A fábula mostra que o hábito acalma o medo das coisas.

149. OS DOIS ESCARAVELHOS

Um touro pastava em uma pequena ilha, e dois escaravelhos se alimentavam de seu esterco. Então, quando chegou o inverno, um deles disse que se mudaria para o continente, a fim de que o outro, ficando sozinho, tivesse bastante alimento. Disse ainda que, se encontrasse muita pastagem, lhe traria. Tendo chegado ao continente e encontrado muito excremento fresco, ali permaneceu e se alimentou. Passado o inverno, retornou à ilha. O outro, quando o viu gordo e de boa aparência, perguntou-lhe por que não cumprira o que havia prometido. E o primeiro disse: "Não censures a mim, mas à natureza do lugar, pois lá se pode comer, mas não se pode trazer nada".

Essa fábula poderia ser aplicada àqueles que concedem aos amigos até mesmo festas, mas apenas quando estão juntos, bastando se afastarem um pouco para nada mais lhes darem.

150. O CARANGUEJO E A RAPOSA

Um caranguejo, tendo saltado do mar para a margem, queria viver sozinho. Ao vê-lo, uma raposa faminta, na falta de alimento, correu e o pegou. Quando estava para ser devorado, disse o caranguejo: "Eu estou sofrendo merecidamente, porque, sendo do mar, quis tornar-me da terra".

Assim, também entre os homens, os que abandonam suas ocupações naturais e empreendem outras que não lhes dizem respeito, naturalmente caem em desgraça.

151. O CARANGUEJO E SUA MÃE

"Não andes de lado", disse a mãe ao caranguejo, "nem roces teus flancos no rochedo úmido." E ele disse: "Mãe, tu, se queres ensinar-me, anda direito e eu, olhando, te imitarei".

É conveniente que os que repreendem os outros vivam e andem direito e, então, ensinem de acordo.

152. A NOGUEIRA

Uma nogueira que ficava à beira de uma estrada e na qual os passantes jogavam pedras, gemendo dizia a si mesma: "Como sou infeliz, eu que todo ano atraio para mim mesma insultos e dores".

A fábula é para os que só extraem tristezas de seus próprios bens.

153. O CASTOR

O castor é um animal quadrúpede que vive no lago. Diz-se que suas partes pudendas servem para curar certas doenças. Assim, quando um dia, por acaso, alguém o vê, persegue-o querendo cortá-las. O castor, sabendo que não é perseguido para seu bem, foge das pessoas usando a velocidade de seus pés para se manter intato, mas, quando está para ser capturado, ele próprio corta aquelas partes, atira-as longe e desse modo se salva.

Assim, também os homens sensatos, quando são atacados por causa de suas riquezas, sacrificam-nas para não arriscar a vida.

154. O JARDINEIRO (REGANDO LEGUMES)

Uma pessoa, tendo parado perto de um jardineiro que regava legumes, perguntou-lhe a razão pela qual os legumes nativos eram floridos e fortes, e os cultivados, raquíticos e fracos. O jardineiro disse: "A terra é mãe deles, enquanto, para os outros, é madrasta".

Do mesmo modo, as crianças não são alimentadas por uma madrasta como o são pela mãe.

155. O JARDINEIRO E O CÃO

O cão de um jardineiro caiu em um poço. O jardineiro, querendo retirá-lo de lá, desceu também ele ao poço. Julgando o cão que o jardineiro vinha para empurrá-lo mais para baixo, virou-se para ele e o mordeu. Sofrendo com a mordida, o jardineiro disse: "É justo que eu sofra. Com efeito, por que fui empenhar-me em salvar alguém que queria suicidar-se?".

A fábula é para os injustos e ingratos.

O TOCADOR DE CÍTARA

Um tocador de cítara sem talento cantava o dia inteiro em sua casa com muro de estuque. Como o muro mandava os sons de volta, julgava ter uma bela voz. Assim, como imaginava estar preparado para isso, decidiu que precisava apresentar-se em um teatro. Chegando ao palco, cantou tão mal que foi expulso a pedradas.

Assim, também alguns oradores que na escola pareciam ter talento, quando entram na política, são considerados dignos de nada.

O TORDO

Um tordo ciscava em um bosque de mirtos e, por causa da doçura do fruto, não saía dali. Um caçador de passarinhos, tendo verificado que ele gostava daquele lugar, pegou-o com visco e o aprisionou. Então, estando a ponto de ser morto, disse o pássaro: "Como sou infeliz, eu que, pelo prazer de comer, me encontro sem salvação".

A fábula é oportuna para o homem devasso que se perde pelo prazer.

158. OS LADRÕES E O GALO

Ao invadir uma casa, alguns ladrões não encontraram nada exceto um galo. Pegaram-no e saíram. O galo, estando para ser morto por eles, pôs-se a suplicar que o deixassem, dizendo-se útil aos homens, por acordá-los de madrugada para o trabalho.

Os ladrões, tomando a palavra, disseram: "Mas por causa disso, então, é mais importante ainda que te matemos, pois, acordando os homens, tu nos impedes de roubar".

A fábula mostra que aquilo que mais contraria os maus é o que serve às pessoas de bem.

159. O ESTÔMAGO E OS PÉS

O estômago e os pés discutiam sobre sua força. Como os pés, a toda hora, dissessem que eram tão superiores em força que carregavam o próprio estômago, este respondeu: "Mas, meus caros, se eu não lhes fornecesse alimento, vocês não poderiam carregar-me".

Assim, também nas armadas, o número de soldados nada significa, se os generais não são excelentes ao dar ordens.

160. O GAIO E A RAPOSA

Um gaio faminto pousou sobre uma figueira e, tendo visto que os figos estavam verdes, ali ficou esperando que amadurecessem. Uma raposa, como o visse ficar lá por longo tempo, informada sobre a razão dessa atitude, disse: "Mas tu erras, meu caro, ao ficares preso à esperança, a ela que sabe seduzir com enganos, mas de forma alguma alimenta".

(Para o homem que ama a discussão.)

161. O GAIO E OS CORVOS

Um gaio, por ultrapassar os demais gaios em tamanho, menosprezava seus semelhantes e foi procurar os corvos, pedindo para viver com eles. Mas os corvos, não conhecendo nem sua forma nem sua voz, bateram nele e o expulsaram. E o gaio, repelido pelos corvos, foi de novo para perto dos gaios. Os gaios, porém, sentindo-se ultrajados, não o receberam. E assim aconteceu que ele foi excluído tanto da sociedade de uns como da dos outros.

Assim, também entre os homens, os que abandonam sua pátria e preferem outros lugares não são bem-vistos nessas regiões, por serem estrangeiros, e são malvistos por seus concidadãos, por terem sido menosprezados.

162. O GAIO E OS PÁSSAROS

Zeus, querendo eleger o rei dos pássaros, fixou um dia para que todos fossem à sua presença, a fim de escolher, entre todos, o mais belo como rei. Os pássaros foram a um rio para se lavar. Um gaio, consciente de sua feiura, também foi e, reunindo as penas caídas dos outros pássaros, colou-as em seu corpo. Aconteceu então que ele se tornou o mais belo de todos. Chegou o dia fixado e todos os pássaros compareceram diante de Zeus. O gaio todo colorido também estava presente. Quando Zeus ia nomeá-lo rei devido à sua beleza, cada um dos pássaros, indignado, foi tirando dele a pena que lhe pertencia. Assim aconteceu que o gaio, despojado, tornou-se de novo um gaio.

Assim, também entre os homens, os que têm dívidas parecem ser alguém enquanto estão de posse de bens alheios, mas, quando devolvem o que devem, retornam ao que eram antes.

163. O GAIO E OS POMBOS

Um gaio, tendo visto em um pombal pombos bem-nutridos, embranqueceu sua plumagem e se aproximou, para tomar parte no mesmo tipo de vida. Enquanto permanecia calado, julgando que ele era um pombo, deixaram-no ficar, mas um dia, quando, por esquecimento, deu um grito, os pombos, imediatamente, não conhecendo sua voz, o expulsaram. E ele, agora sem o tratamento que tinha antes, foi de novo para junto dos gaios. Eles, porém, não o reconheceram por causa da cor e o rejeitaram de sua comunidade. Assim, tendo ele desejado fazer parte das duas comunidades, nem com uma ficou.

Pois bem, também nós devemos nos contentar com o que temos, porque a cobiça não serve para nada e, muitas vezes, faz com que percamos o que possuímos.

164. O GAIO QUE ESCAPOU

Uma pessoa, tendo apanhado um gaio e prendido sua pata com um fio de linho, deu-o a seu filho. Mas o gaio, não se resignando a viver entre os homens, aproveitou um instante de liberdade, fugiu e voltou para seu ninho. Como, porém, o fio se embaraçasse nos galhos e o gaio não pudesse voar, estando a ponto de morrer, disse a si mesmo: "Sou um infeliz, eu que, por não suportar a escravidão entre os homens, sem perceber, eu mesmo me privei da vida".

O CORVO E A RAPOSA

Um corvo, tendo roubado um pedaço de carne, pousou sobre uma árvore. Uma raposa o viu e, querendo apoderar-se da carne, pôs-se diante dele, elogiando seu tamanho e sua beleza, dizendo que ele, mais que todos os pássaros, merecia ser rei e que isso realmente aconteceria se ele tivesse voz. Querendo mostrar-lhe que também voz ele tinha, o corvo deixou cair a carne e pôs-se a soltar grandes gritos. A raposa precipitou-se e, tendo pegado a carne, disse: "Ó corvo, se tu tivesses também inteligência, nada te faltaria para seres rei de todos os pássaros".

A fábula é apropriada ao homem tolo.

O CORVO E HERMES

Um corvo, preso em uma armadilha, prometeu a Apolo queimar-lhe incenso. Mas, salvo do perigo, esqueceu a promessa. Preso de novo em outra armadilha, deixou de lado Apolo e dirigiu-se a Hermes, a quem prometeu sacrifícios. Mas o deus lhe disse: "Ó miserável, como confiarei em ti, que renegaste o teu primeiro senhor, cometendo injustiça contra ele?".

Os que são ingratos com seus benfeitores, se caírem em dificuldade, não terão socorro.

167. O CORVO E A COBRA

Um corvo, estando sem comida, como visse uma cobra dormindo ao sol, precipitou-se sobre ela e a pegou. Mas ela voltou-se para ele e o mordeu. Estando para morrer, ele disse: "Como sou infeliz, eu que, por acaso, dei com um belo achado e por causa dele me perdi".

Essa fábula poderia aplicar-se a um homem que, por causa da descoberta de um tesouro, correu perigo de vida.

168. O CORVO DOENTE

Um corvo doente disse à mãe: "Roga ao deus e não chores!". E a mãe, tomando a palavra, disse: "Qual dos deuses, meu filho, terá piedade de ti? Com efeito, de qual deles tu, pelo menos, não roubaste carne?".

A fábula mostra que os que tiveram muitos inimigos na vida nunca encontrarão um amigo quando precisarem.

169. A COTOVIA COM CRISTA

Uma cotovia com crista, presa em uma armadilha, dizia gemendo: "Ai de mim, pobre pássaro infortunado! Não roubei de ninguém nem ouro, nem prata, nem qualquer outra coisa preciosa! Foi um pequeno grão de trigo que causou a minha morte!".

A fábula é para aqueles que, para conseguirem proveito mínimo, se expõem a um grande perigo.

170. A GRALHA E O CORVO

Uma gralha, invejando um corvo, porque este anunciava presságios aos homens e predizia o futuro, sendo, por isso, tomado como testemunha deles, quis obter os mesmos privilégios. Então, tendo visto viajantes passando, empoleirou-se em uma árvore e soltava grandes gritos. Voltaram-se os passantes, amedrontados com a voz, mas um deles tomou a palavra e disse: "Vamos, amigos, pois é uma gralha, cujos gritos não anunciam presságios".

Assim, também entre os homens, os que rivalizam com outros mais fortes não só não podem igualá-los, mas se prestam ao riso.

171. A GRALHA E O CÃO

Uma gralha, oferecendo sacrifícios a Atena, chamou um cão para o banquete. E este lhe disse: "Por que tu gastas inutilmente com sacrifícios? Com efeito, a deusa te odeia tanto que nada espera de teus presságios". E a gralha respondeu: "Mas é por isso mesmo que eu lhe ofereço sacrifícios, porque sei que ela tem ódio de mim e quero que se reconcilie comigo".

Assim, há muitos que, por medo de seus inimigos, não hesitam em fazer-lhes bem.

172. OS CARACÓIS

O filho de um agricultor assava caracóis. Ouvindo-os crepitar, disse: "Ó miseráveis animais, suas casas estão queimando e vocês estão cantando!".

A fábula mostra que tudo feito em tempo inoportuno é repreensível.

173. UM CISNE (TOMADO POR GANSO)

Um homem rico alimentava juntos um ganso e um cisne, não com os mesmos objetivos entretanto: um, de fato, pelo canto, e o outro, para a sua mesa. Ora, quando devia o ganso sofrer o destino para o qual fora alimentado, estava anoitecendo e o momento não permitia distinguir uma ave de outra. Mas o cisne, levado no lugar do ganso, pôs-se a cantar uma melodia, prelúdio de sua morte, e sua voz foi reconhecida. Seu canto salvou-o da morte.

A fábula mostra que, muitas vezes, a música faz adiar o fim.

174. O CISNE (E SEU DONO)

Dizem que os cisnes cantam na hora de sua morte. Ora, uma pessoa, tendo encontrado um cisne posto à venda e tendo observado que sua voz era melodiosa, comprou-o. E, um dia, tendo convidados para a ceia, foi buscá-lo e lhe pediu que cantasse na festa. O cisne, então, ficou calado. Certa vez, depois disso, pensando que estava para morrer, cantou um treno[48]. O dono o ouviu e disse: "Ora, se tu não cantas a não ser quando vais morrer, eu fui um tolo em pedir-te para cantar naquela ocasião, em vez de imolar-te".

Assim, alguns homens que não querem fazer um favor de boa vontade, o fazem quando obrigados.

175. OS DOIS CÃES

Um homem, tendo dois cães, ensinava um a caçar e fez do outro um cão de guarda. E, então, se alguma vez o cão de caça saía para caçar e conseguia algo, parte do que ele obtinha o homem dava também ao outro cão. Descontente, o cão de caça censurava o companheiro, já que ele se esfalfava caçando, enquanto o outro não fazia nada e aproveitava de seu trabalho. O cão de guarda disse-lhe então: "Mas não é a mim que deves censurar, e sim ao nosso dono, que me ensinou não a trabalhar, mas a viver do trabalho dos outros".

Assim, também as crianças preguiçosas não devem ser censuradas se foram seus pais que lhes ensinaram a ser assim.

176. OS CÃES FAMINTOS

Alguns cães famintos, como vissem em um rio peles molhadas fora de seu alcance, combinaram de antes beber toda a água e assim chegar até as peles. Aconteceu que, de tanto beber água, estouraram antes que atingissem as peles.

Assim, também alguns homens se submetem a trabalhos perigosos na esperança de obter um proveito e se perdem antes de atingir o que desejam.

---

[48] Treno é um tipo de canto fúnebre.

177. O HOMEM MORDIDO POR UM CÃO

Um homem, mordido por um cão, ia a todo lado procurando quem o curasse. Como uma pessoa lhe dissesse que devia apenas limpar o sangue com pão e jogar o pão ao cachorro que o mordera, o homem tomou a palavra e disse: "Mas, se eu fizer isso, fatalmente serei mordido por todos os cães da cidade".

Assim, também a maldade dos homens, sendo excitada, recrudesce e gera mais injustiças ainda.

178. O CÃO (CONVIDADO) OU O HOMEM E O CÃO

Um homem preparava um jantar para receber um de seus amigos e familiares. O seu cão, então, chamou outro cão e disse: "Meu caro, vem aqui jantar comigo". E o outro apareceu cheio de alegria e, como ia a um grande jantar, murmurava em seu coração: "Ah! Que grande bem de repente me apareceu sem eu esperar! Vou me empanturrar e jantar até saciar-me, de forma que amanhã, pelo menos, eu não tenha fome". Enquanto o cão dizia isso a si mesmo, abanava a cauda em sinal de confiança no amigo. O cozinheiro, ao vê-lo abanando o rabo, pegou-o pelas patas e o atirou imediatamente pela janela. E o cão foi-se embora, latindo intensamente. Um dos cães que passavam pelo mesmo caminho lhe perguntou: "Como jantaste, amigo?". E ele, em resposta: "Por ter bebido muito, estou embriagado demais e nem sei mesmo por onde saí".

A fábula mostra que não se deve confiar nos que se mostram generosos com os bens dos outros.

179. O CÃO (DE COMBATE E OS OUTROS CÃES)

Um cão, alimentado em uma casa e preparado para combater feras, depois de ver uma porção delas colocadas diante dele em alinhamento [como se estivessem em posição militar (N. da T.)], arrancou a coleira do pescoço e fugiu pelas ruas. E outros cães, que já o tinham visto poderoso como um touro, disseram: "Por que estás fugindo?". Ele respondeu: "Porque sei que vivo na fartura e que usufruo dos prazeres do corpo, mas sempre estou perto da morte, combatendo ursos e leões". E os cães disseram uns aos outros: "Bela vida a nossa, embora pobre, porque vivemos sem combater nem leões nem ursos".

Não se deve lançar-se aos perigos por orgulho e glória vã, mas evitá-los.

180. O CÃO, O GALO E A RAPOSA

Um cão e um galo tornaram-se amigos e puseram-se a andar. Caindo a tarde, o galo subiu numa árvore para dormir e o cão deitou-se ao pé da árvore, que tinha uma cavidade. O galo, como de costume, cantou à noite. Uma raposa, tendo ouvido o galo, correu até ele e, parada sob a árvore, pediu-lhe que descesse, pois desejava abraçar o animal que tinha tão bela voz. Em resposta, o galo lhe pediu que antes acordasse o porteiro que dormia ao pé da árvore e que, quando ele a tivesse aberto, ele desceria. E, quando a raposa procurava falar com o cão, ele saltou subitamente e a pôs para correr.

A fábula mostra que os homens sensatos, quando os inimigos os atacam, os enviam enganosamente para os mais fortes.

181. O CÃO E O MOLUSCO

Um cão, habituado a engolir ovos, viu um molusco e, pensando tratar-se de um ovo, abriu a boca e, com muito esforço, o engoliu. Como o molusco pesasse em suas entranhas e ele se sentisse mal, disse: "Eu passo mal merecidamente, eu que pensei que tudo o que era redondo fosse um ovo".

A fábula nos ensina que os que empreendem um trabalho sem discernimento se esquecem de que eles próprios são trespassados por coisas insólitas.

182. O CÃO E A LEBRE

Um cão de caça, tendo apanhado uma lebre, tanto a mordia como lhe lambia os beiços. A lebre, importunada, lhe disse: "Mas, meu caro, para de me morder e de me beijar, para que eu saiba se és meu inimigo ou meu amigo".

A fábula aplica-se ao homem ambíguo.

183. O CÃO E O AÇOUGUEIRO

Um cão, tendo entrado em um açougue, pegou um coração enquanto o açougueiro estava ocupado e fugiu. E o açougueiro, ao se virar e ao vê-lo fugindo, disse: "Meu caro, sabe que, onde quer que tu estejas, eu te seguirei, pois não foi o meu coração que pegaste, mas coragem que me deste[49]".

A fábula mostra que muitas vezes os acidentes servem de ensinamento para os homens.

---

[49] A palavra *kardia*, em grego, significa "coração" e também algumas faculdades da alma, como "coragem", "amizade", "amor" etc.

O CÃO (DORMINDO) E O LOBO

Um cão dormia na frente de um sítio. Como um lobo se precipitasse e estivesse para fazer dele seu alimento, o cão pediu que naquele momento não o matasse. "Agora, com efeito", disse, "estou raquítico e magro. Se esperares um pouco, meus donos vão casar-se e eu, então, comendo muito, engordarei e me tornarei para ti um alimento agradável." Ora, o lobo acreditou nele e foi-se embora. Tempos depois, voltou e encontrou o cão dormindo sobre um lugar alto da casa. Colocou-se embaixo e chamou o cão, lembrando o combinado. E o cão: "Mas, ó lobo, quando, a partir de agora, me vires dormindo na frente do sítio, não esperes mais casamentos".

A fábula mostra que os homens sensatos, quando se salvam de algum perigo, por toda a vida tomam cuidado com ele.

O CÃO QUE LEVAVA A CARNE

Um cão, segurando um pedaço de carne atravessava um rio. Tendo visto a sombra da carne na água, julgou que outro cão tinha um pedaço de carne muito maior. Por isso, largando sua própria carne, lançou-se para pegar a outra. Aconteceu, porém, que ficou privado de ambas: uma que ficou fora de seu alcance porque nem existia, e a outra que foi levada pelo rio.

A fábula é própria para o homem ambicioso.

186. O CÃO COM A SINETA

Um cão mordia de surpresa. Seu dono pendurou nele uma sineta para que servisse de aviso a todos. E o cão, sacudindo a sineta, se gabava na praça pública. Uma velha cadela lhe disse: "O que tens para mostrar? Não é por causa de tua virtude que levas isso contigo, mas para denunciar tua maldade escondida".

O amor dos fanfarrões à glória vã é a maneira evidente de mostrarem sua maldade secreta.

187. O CÃO (PERSEGUINDO UM LEÃO) E A RAPOSA

Um cão de caça, tendo visto um leão, pôs-se a persegui-lo. Mas, como o leão o visse e começasse a rugir, o cão recuou. Uma raposa, tendo-o visto, disse: "Ó idiota, perseguias um leão do qual nem sequer suportaste o rugido?".

A fábula seria aplicável a homens presunçosos que se prestam a denegrir os mais poderosos, mas, quando esses os enfrentam, voltam atrás imediatamente.

O MOSQUITO E O LEÃO

Um mosquito aproximou-se de um leão e disse: "Nem eu tenho medo de ti, nem tu és mais poderoso do que eu. Se tu não concordas, do que és capaz? De arranhares com as garras e de ferires com os dentes? Isso também uma mulher que briga com seu marido faz. Mas eu sou muito mais forte do que tu. Se queres, vamos ao combate". E, tocando sua trompa, o mosquito o atacou, mordendo-lhe o focinho à volta das narinas, onde não havia pelos. E o leão feria-se com as suas próprias garras, até que desistiu do combate.

E o mosquito, tendo vencido o leão, soou a sua trompa. Cantou o hino da vitória e saiu voando. Embaraçou-se, porém, nas teias de uma aranha e, sentindo que era devorado, lamentava-se porque, sendo capaz de combater contra os mais fortes, perecia nas mãos de um vil animal, uma aranha.

189. O MOSQUITO E O TOURO

Um mosquito, depois de permanecer por muito tempo pousado no chifre de um touro, quando estava para partir, perguntou ao touro se já desejava que ele fosse embora. O touro, tomando a palavra, disse: "Nem quando vieste eu senti nem tampouco quando fores eu sentirei".

Aplicar-se-ia essa fábula a um homem sem valor que, estando presente ou estando ausente, não atrapalha nem ajuda.

190. AS LEBRES E AS RAPOSAS

Um dia, as lebres, estando em guerra contra as águias, pediram às raposas que fossem suas aliadas. As raposas responderam: "Nós teríamos vindo ajudá-las se não soubéssemos quem são e contra quem combatem".

A fábula mostra que os que se põem a lutar com mais fortes do que eles, desdenham sua salvação.

AS LEBRES E AS RÃS

Um dia, as lebres, reunidas, se lamentavam entre si da vida miserável e cheia de medo, pois não eram presas dos homens, dos cães, das águias, e também de muitos outros animais? Melhor seria morrer de uma vez do que viver com medo. Tomada essa resolução, lançaram-se todas juntas em direção ao lago, para nele se atirarem e se afogarem. Como as rãs estivessem reunidas à volta do lago, ao perceberem o barulho da corrida imediatamente saltaram na água. Uma das lebres, então, que parecia ser mais esperta que as outras, disse: "Parem, companheiras! Não façam nada de mau a vocês mesmas, já que, como podem ver, há animais ainda mais medrosos do que nós".

A fábula mostra que os infelizes se consolam quando veem outros mais infelizes do que eles.

192. A LEBRE E A RAPOSA

A lebre perguntou à raposa: "Na verdade, tu ganhas muitas coisas, ou as tens porque teu nome é raposa[50]?". E a raposa disse: "Se duvidas, vem à minha casa e eu te ofereço um jantar". A outra a seguiu e lá dentro nada mais havia como jantar para a raposa a não ser a própria lebre. E a lebre disse: "Pelo menos aprendi com minha desgraça de onde vem o teu nome: não de proveito, mas de astúcia".

Aos curiosos muitas vezes aconteceu algo de mau por cometerem uma indiscrição desastrada.

193. A GAIVOTA E O MILHAFRE

Uma gaivota, tendo engolido um peixe, ficou com a goela estourada, caiu morta e ficou estendida na praia. Ao vê-la, um milhafre disse: "Tens o que mereceste, porque, nascida pássaro, querias passar a vida sobre o mar".

Assim, também os que abandonam sua profissão e se voltam para outra que não é sua são merecidamente infelizes.

194. A LEOA E A RAPOSA

Uma leoa, censurada por uma raposa por ter gerado apenas um filhote, disse: "Um, mas leão".

O mérito não deve ser medido pela quantidade, mas pelo valor.

---

[50] O autor faz um jogo de palavras em grego. Foi-nos impossível mantê-lo, por isso utilizamos a palavra "raposa" em grifo. Em grego, "raposa" é *alópeks*, mas pode ser também *kerdô*. Ora, *kerdô* é palavra da mesma raiz de *kérdos*, que significa "ganho", "proveito", "lucro", "ganho pela astúcia". A tradução francesa diz: *"[...] et peux-tu dire pourquoi on t'apelle de "le profiteur"?"* ("[...] e podes dizer por que te chamam de 'aproveitadora'?"). Não quisemos traduzir da mesma forma porque no texto grego está escrito *kerdô* (oxítona e, portanto, "raposa"), e não *kérdos* (paroxítona, com o significado de "proveito"). Preferimos, por isso, usar o termo "raposar" em seu sentido figurado.

A REALEZA DO LEÃO

Tornou-se rei um leão que não era colérico, nem cruel, nem violento, mas doce e justo como os homens. Durante o seu reinado, havia uma assembleia de todos os animais, na qual todos davam e recebiam justiça entre si, o lobo e o cordeiro, a pantera e o cabrito, o veado e o tigre, o cão e a lebre. E esta, medrosa por natureza, disse: "Desejei muito ver este dia, a fim de que os fracos parecessem fortes aos violentos".

Na cidade em que há justiça e os julgamentos são iguais para todos, também os fracos vivem tranquilos.

O LEÃO (ENVELHECIDO) E A RAPOSA

Um leão envelhecido, não podendo mais procurar alimento por sua própria conta, julgou que devia arranjar um jeito de fazer isso. E, então, foi a uma caverna, deitou-se e se fingiu de doente. Dessa forma, quando recebia a visita de outros animais, ele os pegava e os comia. Depois que muitas feras já tinham morrido, uma raposa, ciente da armadilha, parou a certa distância da caverna e perguntou ao leão como ele estava.

Como ele respondesse: "Mal!" e lhe perguntasse por que ela não entrava, disse a raposa: "Ora, eu entraria se não visse marcas de muitos entrando, mas de ninguém saindo".

Assim, os homens sensatos, tendo prova dos perigos, podem prevê-los e evitá-los.

197. O LEÃO (PRESO) E O LAVRADOR

Um leão entrou no estábulo de um lavrador. Este, querendo prendê-lo, fechou a porta que dava para o pátio. E o leão, não podendo sair, primeiro devorou os cordeiros e depois atacou também os bois. O lavrador, temendo pela própria vida, abriu a porta.

Depois que o leão partiu, a mulher do lavrador, vendo o marido se lamentar, disse: "Mas tu estás sofrendo merecidamente, pois por que quiseste prender uma fera que tu devias temer mesmo de longe?".

Assim, os que atiçam os mais fortes devem naturalmente suportar as consequências dessa loucura.

198. O LEÃO (APAIXONADO) E O LAVRADOR

Um leão, apaixonado pela filha de um lavrador, pediu-a em casamento. O lavrador, não podendo nem aceitar dar a filha à fera nem recusar, por causa do medo que tinha, imaginou algo. Como o leão viesse pressioná-lo várias vezes, disse que o julgava digno de ser esposo de sua filha, mas só consentiria no casamento se ele arrancasse os dentes e cortasse as garras, pois era disso que a jovem tinha medo. O leão, porque a amava, aceitou imediatamente. Quando o leão apareceu, o lavrador, que não tinha mais medo da fera, expulsou-o a golpes de bastão.

A fábula mostra que, ao serem despojados daquilo que os valoriza, os que facilmente confiam nos outros são vencidos por aqueles que antes os temiam.

199. O LEÃO, A RAPOSA E O VEADO

Um leão, tendo ficado doente, jazia em uma caverna. Disse então à raposa, que era sua amiga e com a qual tinha boas relações: "Se queres que eu me cure e viva, seduz com doces palavras o grande veado que mora na floresta e traze-o às minhas mãos, pois desejo suas entranhas e seu coração". A raposa saiu e encontrou o veado, que saltava nos bosques. Abordou-o e, docemente, disse: "Vim dar-te uma boa notícia. Sabes que o leão, nosso rei, é meu vizinho e que ele está muito doente, prestes a morrer. Ora, queria ele saber qual dos animais reinaria depois dele. Dizia que o javali era desprovido de inteligência, o urso, estúpido, a pantera, irascível, o tigre, fanfarrão; o veado é que é o mais digno de ser rei, porque é alto de corpo, vive muitos anos, seu chifre amedronta as serpentes. E eu, o que posso dizer mais? Está decidido: tu reinarás. O que me darás por ter falado a ti em primeiro lugar? Fala logo, que estou apressada e temo que de novo ele me procure, pois me usa como conselheira em tudo. Mas, se queres ouvir uma velha, eu te aconselho a ir comigo e esperar a morte dele a seu lado".

Assim falou a raposa. Com o coração muito envaidecido com aquelas palavras, o veado foi à caverna, sem saber o que iria acontecer. O leão saltou imediatamente sobre ele, mas apenas dilacerou-lhe as orelhas com suas garras. O veado rapidamente precipitou-se para os bosques. De nervoso, a raposa batia as patas no chão, por ter-se cansado inutilmente. O leão, por sua vez, dava grandes urros, pois estava faminto e triste. Então, suplicou à raposa, uma segunda vez, que fizesse outra tentativa para trazer o veado. E ela disse: "É um trabalho penoso e difícil de que me encarregas, mas vou igualmente servir-te".

E então, como um cão de caça, a raposa seguiu as pegadas do veado, tramando ciladas, e perguntou aos pastores se tinham visto um veado ensanguentado. Eles indicaram a floresta. Quando o encontrou tomando fôlego, apresentou-se descaradamente. E o veado, cheio de cólera e com os pelos eriçados, disse: "Ó miserável, tu não me pegas nunca mais, e se tu te aproximares de mim não mais viverás. Vai raposar[51] com outros que não te conhecem, faze-os rei e os exalta". A raposa, então, disse: "És assim tão covarde e tão fraco? É assim que supões que somos nós, teus amigos? O leão, ao pegar a tua orelha, ia dar-te conselhos sobre como reinar, como alguém que estava para morrer. Mas tu não suportaste nem um arranhão da pata de um doente! E agora ele está encolerizado contra ti e quer fazer do lobo o rei. Ai de mim! Senhor malvado! Mas vem e nada teme, e sê doce como um cordeiro. Com efeito, juro por todas as folhas e fontes, nada de mau vais sofrer da parte do leão. Quanto a mim, só quero servir-te".

Assim, tendo sido enganado o infeliz, lá se foi uma segunda vez. E, quando penetrou na caverna, o leão teve o que comer: todos os ossos, as moelas e as entranhas do veado. E a raposa lá estava, tudo olhando. Como caísse o coração, secretamente o roubou e o comeu para compartilhar o ganho. Mas o leão, depois de procurar por todo lado, só não encontrou o coração. A raposa, ficando a distância, disse: "Na verdade, o veado não tinha coração. Não o procures mais, pois que coração[52] teria ele que por duas vezes veio parar na casa e nas patas de um leão?".

O amor às honrarias perturba a razão e não permite que se reflita sobre a iminência do perigo.

[51] O autor usa o verbo *alopekidzo*, derivado de *alópeks*, que significa "raposa". Desta vez foi possível criar um neologismo para traduzir o verbo: "raposar", no sentido de "usar de um ardil", "usar de astúcia", principal característica daquele animal. Dizemos ter criado um neologismo porque, apesar de a palavra "raposar" ser dicionarizada, tem o sentido de "não ir à escola", e é usada apenas no português falado em Portugal. (Antenor Nascentes, *Dicionário da língua portuguesa*, Academia Brasileira de Letras, 1943.)

[52] Para os antigos gregos, o coração, e não o cérebro, era a sede da inteligência.

200. O LEÃO, O URSO E A RAPOSA

Um leão e um urso, tendo encontrado um filhote de veado, puseram-se a disputá-lo. Enfrentaram-se de modo terrível, até que finalmente, tomados de vertigem, jaziam semimortos. Uma raposa que passava, como os visse abatidos e o filhote no meio, pegou-o e foi-se embora, passando entre os dois. E eles, não conseguindo levantar-se, diziam: "Infelizes somos nós, já que foi para uma raposa que nos desgastamos".

A fábula mostra que com razão sofrem aqueles que veem qualquer um aproveitar-se dos frutos de seu próprio trabalho.

201. O LEÃO E A RÃ

Um leão, tendo ouvido uma rã coaxar, voltou-se para a direção de onde vinha o som, pensando que fosse um animal grande. Esperou algum tempo e, como a visse sair do lago, aproximou-se e a esmagou, dizendo: "Mas como, tendo esse tamanho, gritas dessa forma?".

Essa fábula aplica-se ao tagarela que é incapaz de fazer qualquer coisa exceto falar.

202. O LEÃO E O DELFIM

Um leão, vagando em uma praia, como visse um delfim pondo a cabeça para fora da água, propôs a ele uma aliança, dizendo que seria melhor serem amigos e se ajudarem, pois o outro reinava sobre os animais do mar e ele, sobre os animais terrestres. Como o delfim aceitasse de boa vontade, o leão, que havia muito tempo estava em guerra com um touro selvagem, pediu ao delfim que o ajudasse. Como o delfim, embora quisesse sair do mar, não conseguisse, o leão o acusou de traição. O delfim replicou, dizendo: "Não é a mim que deves censurar, mas à natureza, que não me fez para andar sobre a terra".

Assim, também devemos, ao fazer aliança com outros, escolher aliados que possam estar conosco na hora do perigo.

203. O LEÃO E O JAVALI

No verão, como o calor trouxesse sede, um leão e um javali foram beber em uma pequena fonte. Discutiam sobre quem seria o primeiro a beber, e essa discussão transformou-se numa luta violenta. De repente, quando pararam para recuperar fôlego, viram abutres esperando para devorar o derrotado. Por isso, interromperam a briga e concluíram: "É melhor nos tornarmos amigos do que servir de alimento para abutres e corvos".

É bom pôr fim a discórdias prejudiciais e a rivalidades, pois disso resulta que todos correm perigo.

204. O LEÃO E A LEBRE

Um leão, tendo caído sobre uma lebre adormecida, ia devorá-la, mas, no mesmo instante, ao ver um veado passar, deixou a lebre e perseguiu o outro animal. Ora, a lebre, acordando com o barulho, fugiu. O leão perseguiu por muito tempo o veado, mas não conseguiu alcançá-lo. Voltou à lebre e, vendo que ela também havia fugido, disse: "É justo o que passei, porque, abandonando o alimento que tinha nas mãos, preferi a esperança de algo melhor".

Assim, alguns homens, não se contentando com ganhos moderados e perseguindo belas esperanças, não percebem o que já têm nas mãos.

O LEÃO, O LOBO E A RAPOSA

Um leão, tendo envelhecido, estava doente deitado em seu antro. Haviam visitado o seu rei todos os outros animais, menos a raposa. Então, o lobo, julgando a ocasião favorável, acusou a raposa diante do leão, por não ter tido absolutamente nenhuma consideração para com o senhor de todos. Nesse momento, apareceu a raposa e ouviu as últimas palavras do lobo. Então, o leão rugiu contra ela, que pediu o direito de se defender: "Qual dos animais aqui reunidos te serviu mais do que eu, que, junto aos médicos, procurei e encontrei um remédio para ti?". E, como o leão logo lhe ordenou que dissesse que remédio era aquele, a raposa disse: "É, tendo tirado a pele de um lobo vivo, cobrir-te com a pele dele ainda quente". Imediatamente o lobo foi morto, e a raposa, rindo, disse: "Não se deve tratar o senhor com hostilidade, mas com doçura".

A fábula mostra que quem conspira contra os outros faz o ardil voltar-se contra si mesmo.

O LEÃO E O RATO (RECONHECIDO)

Um leão estava dormindo e um rato passeava sobre seu corpo. Acordando e tendo apanhado o rato, ia comê-lo. Como o rato suplicasse que o largasse, dizendo que, se fosse salvo, lhe pagaria o favor, o leão sorriu e deixou-o ir. Não muito depois, o leão foi salvo, graças ao reconhecimento do rato. Com efeito, preso por caçadores e amarrado a uma árvore com uma corda, logo que o ouviu gemendo, o rato se aproximou, roeu a corda e o libertou, dizendo: "Recentemente riste, não acreditando em uma retribuição da minha parte, mas agora vês que também entre os ratos existe reconhecimento".

A fábula mostra que, nas reviravoltas da sorte, os muito poderosos têm necessidade dos mais fracos.

207. O LEÃO E O JUMENTO

Um leão e um jumento caçavam feras, o leão usando sua força e o jumento a ligeireza de suas patas. Quando tinham caçado alguns animais, o leão os dividiu e os dispôs em três partes. "A primeira", disse, "eu a pegarei, pois sou o rei; a segunda, pego como sócio em igualdade de condições, e a terceira parte far-te-á um grande mal, se não te decidires a fugir."

É bom em tudo medir segundo sua própria força e não se ligar nem se associar a alguém mais forte.

208. O LEÃO E O BURRO (CAÇANDO JUNTOS)

Um leão e um burro, tendo feito uma aliança entre si, saíram para caçar. Tendo chegado a uma caverna, na qual havia cabras selvagens, o leão parou à entrada para impedir que elas saíssem, e o burro, tendo entrado, pôs-se a saltar no meio delas e a zurrar, para que fugissem. Quando o leão já tinha pegado a maior parte delas, o burro, saindo, perguntou-lhe se não havia combatido com bravura ao levar as cabras para fora.

Disse-lhe o leão: "Sabes bem que eu mesmo teria tido medo de ti, se não soubesse que eras um burro".

Assim, os que se vangloriam junto a quem os conhece prestam-se com razão à zombaria.

ESOPO
FÁBULAS COMPLETAS
Neide Smolka

209. O LEÃO, O BURRO E A RAPOSA

Um leão, um burro e uma raposa, tendo estabelecido uma sociedade entre si, saíram para caçar. Depois de terem apanhado muita caça, o leão ordenou ao burro que a dividisse entre eles. O burro fez três partes iguais e disse ao leão que escolhesse a sua, e este, indignado, caiu sobre o burro e o devorou. Em seguida, ordenou à raposa que fizesse a divisão. A raposa colocou tudo em um só monte, reservando para si mesma apenas alguns restos, e pediu que o leão escolhesse. Como perguntasse o leão quem a ensinara a dividir assim, a raposa respondeu: "A infelicidade do burro".

A fábula mostra que as desgraças do próximo servem de lição aos homens.

210. O LEÃO, PROMETEU E O ELEFANTE

Um leão queixava-se muitas vezes a Prometeu, porque este o criara grande e belo, o armara de maxilar com dentes, dotara-o de patas com garras e fizera dele o mais forte entre os outros animais. "Mas mesmo sendo assim", dizia, "tenho medo do galo." E respondia Prometeu: "Por que inutilmente me acusas? Com efeito, tens tudo quanto eu pude modelar, mas é apenas tua alma que é fraca quanto a teu medo". O leão pôs-se a deplorar sua sorte, acusando-se de fraqueza, e queria dar fim à vida. Isso ele tinha em mente, quando encontrou um elefante. Tendo-o cumprimentado, parou para conversar e, ao ver que ele movia as orelhas o tempo todo, disse: "O que se passa contigo e por que a toda hora mexes tua orelha sem parar?". E o elefante, enquanto um mosquito voava ao acaso à sua volta, disse: "Vês esta coisa tão pequena zumbindo? Se ela entrar no conduto de meu ouvido, eu estou morto". E disse o leão: "Por que ainda devo morrer, eu que sou tão forte e excedo em sorte o elefante tanto quanto o galo excede o mosquito?".

Vê-se que o mosquito é tão forte que amedronta até o elefante.

211. O LEÃO E O TOURO

Um leão, tramando a morte de um touro enorme, formulou um estratagema para realizar seu intento. Como havia sacrificado um cordeiro, convidou o touro para a festa, pretendendo matá-lo quando estivesse dormindo à mesa. O touro compareceu, mas, ao ver muitos caldeirões, grandes espetos e nenhum cordeiro, não disse nada e foi indo embora. Como o leão o repreendesse e perguntasse por que, sem que estivesse sofrendo qualquer mal, ia embora sem razão, ele disse: "Para mim, não é sem razão que faço isso, mas porque vejo que os preparativos não são para um cordeiro, e sim para um touro".

A fábula mostra que os artifícios dos maus não passam despercebidos aos homens sensatos.

212. O LEÃO (ENRAIVECIDO) E O VEADO

Um leão estava enraivecido. Da floresta, um veado, vendo isso, disse: "Ah! Somos todos infelizes, pois o que ele fará, quando estiver enfurecido, ele que, quando sensato, já é insuportável para nós?".

Que fujamos dos homens violentos, acostumados a cometer injustiça, quando tomam o poder e tornam-se dominadores.

213. O LEÃO (QUE TEM MEDO DE RATO) E A RAPOSA

Enquanto um leão dormia, um rato corria sobre seu corpo. O leão acordou e pôs-se a virar de um lado para outro, procurando quem o estava afrontando. Ao vê-lo, uma raposa o censurou por ter medo de rato, sendo um leão. E o leão respondeu: "Não é que eu tenha medo do rato, mas eu me admirava de ver alguém ousar correr sobre o corpo de um leão adormecido".

A fábula ensina que os homens sensatos não menosprezam nem as coisas mais simples.

214. O BANDIDO E A AMOREIRA

Um bandido que, ao ser perseguido, assassinou uma pessoa, abandonou a vítima ensanguentada na estrada e fugiu. Mas viajantes que vinham em sentido contrário perguntaram-lhe por que estava com as mãos ensanguentadas, e ele disse que acabava de descer de uma amoreira. Como dissesse isso, os que o perseguiam juntaram-se e, prendendo-o, penduraram-no em uma amoreira. E esta lhe disse: "Eu, de minha parte, não estou aborrecida de servir à tua morte, pois foste tu que cometeste o crime e é em mim que queres limpar o sangue".

Assim, também, muitas vezes os homens bons por natureza, quando se veem difamados por alguém, não hesitam então em se mostrar maus.

215. OS LOBOS E OS CÃES
(EM GUERRA UNS CONTRA OS OUTROS)

Certo dia, houve uma briga entre lobos e cães. Foi escolhido como general dos cães um cão grego. Este, no entanto, não se apressava para o combate, embora os lobos o ameaçassem violentamente. E disse o cão: "Saibam por que eu contemporizo. Sempre é conveniente refletir antes de agir. Com efeito, vocês são todos da mesma raça e mesma cor. Já os nossos têm costumes diferentes, e cada um se vangloria de sua região. Até a cor de todos não é uniforme; uns são negros, outros castanhos ou brancos ou cinzentos. E como eu poderia levar à guerra soldados que não estão de acordo e não são todos iguais?".

É a unidade de vontade e de pensamento que, nas batalhas, garante a vitória sobre os inimigos.

216. OS LOBOS E OS CÃES (RECONCILIADOS)

Os lobos disseram aos cães: "Por que, sendo semelhantes a nós em tudo, não se dão conosco como irmãos? Com efeito, em nada somos diferentes de vocês, a não ser na inteligência. Mas, enquanto nós vivemos em liberdade, vocês são submissos e servis aos homens, suportam surras deles, carregam coleiras no pescoço e guardam os rebanhos. E, quando seus donos comem, atiram para vocês apenas ossos. Mas, se vocês nos ouvirem e nos derem todo o rebanho, teremos o que comer até nos fartar". Ora, os cães acreditaram no que fora dito, e os lobos, entrando no estábulo, acabaram primeiro com os cães.

Tais são os pagamentos que recebem os que traem sua pátria.

217. OS LOBOS E OS CORDEIROS

Alguns lobos queriam surpreender um rebanho de cordeiros. Como não podiam pegá-los, porque havia cães tomando conta deles, viram que seria preciso usar de uma artimanha para fazer isso. E, tendo enviado representantes deles aos cordeiros, diziam que os cães eram os culpados de sua inimizade e que, se eles lhes entregassem os cães, haveria paz entre os lobos e os cordeiros. Os cordeiros, sem imaginar o que lhes iria acontecer, entregaram os cães aos lobos, que, desse modo, facilmente acabaram com o rebanho, que ficara sem guarda.

Assim, também, as cidades que se entregam facilmente aos demagogos não percebem que rapidamente estarão nas mãos de inimigos.

218. OS LOBOS, OS CORDEIROS E O CARNEIRO

A fim de fazer as pazes com os cordeiros, alguns lobos mandaram representantes para dizer que a paz eterna seria feita se os cordeiros lhes mandassem cães para serem mortos. Os tolos cordeiros concordaram, mas um velho carneiro disse: "Como acreditar em vocês e com vocês conviver, se os cães também me guardam e não mais vai ser possível pastar sem perigo?".

Não devemos nos desfazer de algo que nos dá segurança, acreditando no juramento de inimigos inconciliáveis.

219. O LOBO (CONTENTE COM SUA PRÓPRIA SOMBRA) E O LEÃO

Um dia, um lobo andava por lugares desertos, quando o Hipérião[53] já se declinava no poente. E, tendo visto sua sombra alongada, disse: "Eu, temer um leão, tendo este tamanho? Com 1 pletro[54] de altura, não é natural que eu me torne o rei de todos os animais?". Enquanto o lobo se vangloriava, um leão muito forte o pegou e pôs-se a devorá-lo. E o lobo, mudando de ideia, gritou: "A presunção é para nós causa de desgraças".[55]

---

[53] Um dos Titãs, filho de Urano (Céu) e pai de Hélios (Sol).
[54] Medida grega de comprimento, equivalente a 100 pés.
[55] Trata-se do único exemplo de fábula em que a lição de moral está dentro da história.

O LOBO E A CABRA

Um lobo, tendo visto uma cabra pastando numa montanha escarpada, e como não pudesse chegar até ela, pediu-lhe que descesse, pois, sem perceber, ela poderia cair de lá de cima. Disse ainda que o pasto onde ele estava era melhor, que a relva estava florida. Mas a cabra lhe respondeu: "Não é em meu benefício que me chamas para o pasto, mas porque tu próprio estás sem alimento".

Assim, também, são inúteis as artimanhas dos homens maus, quando querem prejudicar quem os conhece.

O LOBO E O CORDEIRO

Um lobo, ao ver um cordeiro bebendo de um rio, resolveu utilizar-se de um pretexto para devorá-lo. Por isso, tendo-se colocado na parte de cima do rio, começou a acusá-lo de sujar a água e impedi-lo de beber. Como o cordeiro dissesse que bebia com as pontas dos beiços e não podia, estando embaixo, sujar a água que vinha de cima, o lobo, ao perceber que aquele pretexto tinha falhado, disse: "Mas, no ano passado, tu insultaste meu pai". E como o outro dissesse que então nem estava vivo, o lobo lhe disse: "Qualquer que seja a defesa que apresentes, eu não deixarei de comer-te".

A fábula mostra que, ante a decisão dos que são maus, nem uma justa defesa tem força.

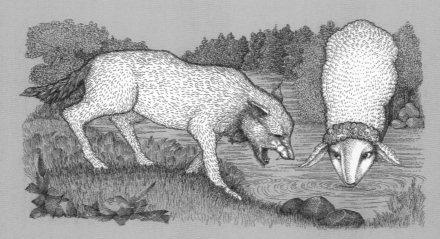

222. O LOBO E O CORDEIRINHO (REFUGIADO EM UM TEMPLO)

Um lobo perseguia um cordeirinho, e este se refugiou em um templo. Como o lobo o chamasse dizendo que, se ele permanecesse ali, o sacerdote iria sacrificá-lo ao deus, ele disse: "Mas, para mim, é preferível ser vítima de um deus do que perecer nas tuas mãos".

A fábula mostra que, àqueles para os quais está imposto morrer, é melhor uma morte honrosa.

223. O LOBO E A VELHA

Um lobo faminto andava em busca de alimento. Quando chegou a determinado lugar, ouviu uma criança chorando e uma velha dizendo-lhe: "Para de chorar. Senão, te dou ao lobo agora mesmo". Julgando que a velha dizia a verdade, o lobo ficou parado ali durante muito tempo. Quando chegou a noite, viu a velha acariciando a criança e dizendo-lhe: "Se o lobo vier aqui, criança, nós o mataremos". Tendo ouvido isso, o lobo foi-se embora, dizendo: "Neste lugar, falam de um jeito, mas agem de outro".

A fábula é para os homens cujos atos não são semelhantes às palavras.

O LOBO E A GARÇA

Um lobo, tendo engolido um osso, ia para todo lado procurando quem o curasse. Encontrou uma garça e combinou um preço para que ela lhe tirasse o osso. E ela, abaixando sua cabeça até a goela dele, retirou o osso e pediu o pagamento combinado. O lobo, tomando a palavra, disse: "Ó amiga! Não estás satisfeita por teres tirado a cabeça viva da boca de um lobo? E ainda pedes pagamento?".

A fábula mostra que o máximo que se pode esperar dos maus como reconhecimento é que, da parte deles, à ingratidão não se some a injustiça.

O LOBO E O CAVALO

Um lobo, passando por um campo, encontrou cevada. Como não podia usá-la como alimento, deixou-a e foi embora. Tendo encontrado um cavalo, levou-o ao campo, dizendo que havia encontrado cevada, mas que ele próprio não a comera e a guardara para ele, uma vez que era um prazer ouvir o barulho de seus dentes. E o cavalo, tomando a palavra, disse: "Ó camarada, se os lobos pudessem usar da cevada como alimento, nunca preferirias os ouvidos ao estômago!".

A fábula mostra que ninguém acredita naqueles que são naturalmente maus, mesmo quando se gabam de serem bons.

226. O LOBO E O CÃO

Um lobo, vendo um cão gordo, preso por uma coleira, perguntou: "Quem te prendeu e alimentou?". O outro disse: "Um caçador". "Que nenhum lobo, amigo meu, sofra disso, nem de fome nem do peso da coleira."

A fábula mostra que, na infelicidade, não há nem mesmo o prazer do estômago.

227. O LOBO E O LEÃO

Um dia, um lobo, tendo roubado um cordeiro de um rebanho, levava-o à sua cova. Mas um leão, ao encontrá-lo, tirou-lhe o cordeiro. E o lobo, ficando a distância, disse: "Ages injustamente, pegando o que é meu". E o leão, rindo, respondeu: "Tu, com efeito, o recebeste justamente de um amigo".

A fábula se aplica a ladrões e bandidos insaciáveis que, quando caem em algum erro, brigam uns contra os outros.

228. O LOBO E O BURRO

Um lobo, tornando-se chefe dos demais lobos, estabeleceu leis dispondo que aquilo que cada um caçasse seria dividido igualmente entre todos, para que não se vissem os restantes na penúria e comendo uns aos outros. Mas um burro se aproximou e, sacudindo a crina, disse: "É uma bela ideia vinda do coração de um lobo, mas por que tu escondeste na tua cova tua caça de ontem? Traze-a e coloca-a no meio de todos". E o lobo, ficando confuso, aboliu as leis.

Aos que parecem estabelecer leis segundo a justiça, mas não acatam eles próprios ao que estabelecem e decretam.

229. O LOBO E O PASTOR

Um lobo seguia um rebanho de cordeiros sem lhes fazer nenhum mal. O pastor, a princípio, resguardava-se dele como de um inimigo e, com medo, o vigiava. Mas, como o lobo o seguia sempre sem fazer a menor tentativa de roubo, o pastor passou a julgar que tinha mais um guarda do que um inimigo à espreita. Assim, precisando ir à cidade, deixou seus cordeiros perto do lobo e partiu. O lobo, pensando que havia chegado a hora, atirou-se sobre o rebanho e pôs-se a estraçalhá-lo. Ao voltar e deparar com o rebanho destruído, disse: "Mas o que eu sofro é justo. Com efeito, por que fui confiar cordeiros a um lobo?".

Assim, também entre os homens, os que confiam a guarda de alguma coisa a ambiciosos naturalmente vão perdê-la.

230. O LOBO (SACIADO) E O CORDEIRO

Um lobo, saciado de comida, viu um cordeiro caído no chão. Compreendendo que ele caíra de medo, aproximou-se e pôs-se a confortá-lo, dizendo que se ele lhe apresentasse três proposições verdadeiras poderia ir embora. Então, o cordeiro disse, primeiro, que não tinha gostado de encontrá-lo; segundo, que esperava que o lobo não fizesse nada contra ele, porque era cego; e, terceiro, "que possam todos os lobos morrer da pior morte, porque, sem terem sofrido nenhum mal de nossa parte, vocês nos atacam com maldade". E o lobo, aceitando a verdade do que ele dissera, libertou-o.

A fábula mostra que, muitas vezes, a verdade tem força junto aos inimigos.

231. O LOBO (FERIDO) E O CORDEIRO

Um lobo, mordido por cães e passando mal, estava caído, não conseguindo procurar alimento. Então viu um cordeiro e lhe implorou que lhe desse água do rio que corria ao lado. "Com efeito, se tu me deres de beber, encontrarei eu mesmo o que comer." Mas o cordeiro, tomando a palavra, disse: "Se eu te der o que beber, a mim é que tu usarás como alimento".

A fábula visa ao homem mau que cria ciladas através da hipocrisia.

232. A LÂMPADA

Uma lâmpada, inundada de óleo e estando bem luminosa, gabava-se de iluminar mais que o Sol. Mas, como soprasse um forte vento, imediatamente ela se apagou. E alguém, enquanto a acendia uma segunda vez, disse-lhe: "Ilumina, ó lâmpada, mas fica calada. A luminosidade dos astros jamais se apaga".

Não se deve ficar cego quanto às glórias e aos esplendores da vida, pois tudo quanto alguém adquire lhe é estranho.

233. O ADIVINHO

Um adivinho, sentado na praça pública, ganhava dinheiro. De repente, chegou alguém e lhe avisou que as portas da casa dele estavam abertas e que tudo lá dentro havia sido levado. Fora de si, o adivinho levantou-se lastimando e foi correndo a gemer para ver o que tinha acontecido. Um dos que lá se encontravam, vendo isso, disse: "Ó amigo, tu que proclamavas prever o que iria acontecer aos outros, não previste o que te aconteceria".

Essa fábula aplicar-se-ia àqueles homens que administram mal a própria vida e tentam prever o que não lhes diz respeito.

234. AS ABELHAS E ZEUS

As abelhas, querendo recusar mel aos homens, foram ter com Zeus para pedir que lhes desse força para matar com os ferrões os que se aproximassem de seus favos. E Zeus, indignado com o ciúme das abelhas, condenou-as a perder o ferrão e também a vida toda vez que picassem alguém.

Essa fábula poderia ser aplicada aos homens que até consentiriam em ser prejudicados por sua inveja.

235. O CRIADOR DE ABELHAS

Uma pessoa, tendo entrado na casa de um criador de abelhas enquanto ele estava ausente, roubou o mel e os favos. Quando ele voltou, como visse vazias as colmeias, parou para examiná-las. Mas as abelhas, ao voltarem do campo e vê-lo ali, picaram-no com os ferrões e o maltrataram bastante. E ele lhes disse: "Ó animais malvados, vocês deixaram ir impune quem roubou seus favos, enquanto a mim, que cuido de vocês, me tratam mal".

Assim, alguns homens, por ignorância, não se resguardam dos inimigos e repudiam os amigos, tendo-os por suspeitos.

236. OS MENAGIRTAS

Os menagirtas[56], tendo um burro em que costumavam pôr a carga, viajavam. E, então, um dia, o burro morreu de cansaço. Eles retiraram-lhe a carga, fizeram de sua pele tamborins e passaram a usá-los. Como outros menagirtas os encontrassem e perguntassem onde estava o seu burro, eles disseram que ele estava morto, mas recebia tantos golpes quantos recebera em qualquer dia de sua vida.

Assim, também, alguns servos, mesmo libertados da escravidão, não se libertam das cargas da servidão.

---

[56] Menagirtas eram sacerdotes de Cibele, considerada a mãe dos deuses, desde a civilização cretense. Faziam mensalmente pelo menos uma viagem (um tipo de romaria de hoje) para mendigar.

OS RATOS E AS DONINHAS

Estavam em guerra ratos e doninhas. Como os ratos sempre eram vencidos, imaginaram que isso acontecia por falta de um chefe. Então se reuniram, escolheram alguns deles como estrategos e os elegeram por aclamação. Querendo parecer mais importantes que os demais, os eleitos prepararam chifres e os colocaram. Tendo-se travado a batalha, aconteceu que todos os ratos foram derrotados. Ora, todos os ratos fugiram para seus buracos e facilmente neles entraram. Os estrategos, porém, não podendo penetrar por causa dos chifres, foram aprisionados e devorados.

Assim, para muitos, a glória vã causa infelicidade.

A MOSCA

Uma mosca, tendo caído num caldeirão de carne, como estivesse para afogar-se no molho, disse a si mesma: "Ora, eu comi, bebi e tomei banho! Embora eu morra, nada me preocupa".

A fábula mostra que os homens suportam facilmente a morte quando ela vem sem dor.

239. AS MOSCAS

Como houvesse mel derramado no celeiro, algumas moscas para lá voaram e puseram-se a comê-lo. Por ser algo muito doce, não se afastavam dele. Como, porém, suas patas ficassem presas e não pudessem mais voar, diziam sufocadas: "Infelizes somos nós, que perecemos por causa de um pequeno prazer".

Assim, para muitos, a gula é a causa de muitos males.

240. A FORMIGA

A formiga de agora era antes um homem. Este, dedicado à agricultura, não se contentava em produzir seus próprios trabalhos, mas também olhava com inveja os dos outros, roubando os frutos dos vizinhos. Zeus, indignado por sua cobiça, transformou-o nesse animal chamado formiga. Mas, embora tendo mudado de forma, ele não mudou de caráter, pois até agora, percorrendo os campos, recolhe o trigo e a cevada e os põe em reserva para seu uso.

A fábula mostra que os que são maus por natureza, embora severamente punidos, não mudam de caráter.

241. A FORMIGA E O ESCARAVELHO

Durante o verão, uma formiga, andando pelo campo, apanhava trigo e cevada e os reservava para alimentar-se no inverno. Um escaravelho, tendo visto isso, admirou-se de vê-la tão trabalhadora, pois ela trabalhava até na ocasião em que os outros animais, depois de trabalharem, descansavam. Ela, naquele momento, não disse nada, mas quando veio o inverno e o estrume era dissolvido pela chuva, o escaravelho aproximou-se dela faminto para pedir que lhe desse comida. E a formiga lhe disse: "Ó escaravelho, se tivesses trabalhado naquela época em que eu penava e tu me injuriavas, não estarias agora sem alimento".

Assim, os que estão na abundância, não se preocupando com o futuro, com a mudança dos ventos favoráveis, vêm a sofrer grandes males.

A FORMIGA E A POMBA

Uma formiga, sedenta, desceu a uma fonte e, arrastada pela correnteza, estava para afogar-se. Uma pomba, ao ver isso, arrancou um galho de uma árvore e o jogou na fonte. Subindo nele, a formiga salvou-se. Um caçador de pássaros, depois disso, avançou com uma armadilha de galhinhos para prender a pomba. A formiga, vendo isso, mordeu o pé do caçador, que, com a dor, atirou fora os galhinhos, e imediatamente a pomba fugiu.

A fábula mostra que se deve retribuir os benfeitores com gratidão.

O RATO DO CAMPO E O RATO DA CIDADE

Um rato do campo era amigo de um rato de casa. O de casa foi convidado, então, pelo amigo para irem comer nos campos. Como comesse apenas cevada e trigo, disse o rato de casa: "Sabe, amigo, tu levas uma vida de formiga. Pois, na verdade, minha vida é repleta de coisas boas. Vem comigo e poderás usufruir de tudo". Imediatamente os dois partiram. O rato de casa mostrou legumes e trigo e ainda figos, queijo, mel e frutas. O outro, admirado, o elogiava bastante e maldizia sua própria sorte. Quando iam começar a comer, um homem repentinamente abriu a porta. Amedrontados e preocupados com o barulho, precipitaram-se os ratos para as frestas. Quando iam de novo pegar figos secos, outra pessoa apareceu para pegar alguma coisa ali dentro. Ao vê-la, novamente precipitaram-se para dentro de um buraco. E o rato do campo, esquecendo a fome, suspirou e disse ao outro: "Adeus para ti, amigo! Comes demais, aproveitando com satisfação das coisas, mas com perigo e muito medo. Quanto a mim, pobre, aproveitando-me da cevada e do trigo, viverei sem medo, sem desconfiar de ninguém".

A fábula mostra que mais vale viver com simplicidade e ter uma existência pacífica do que viver na fartura, mas com medo de sofrer.

ESOPO
FÁBULAS COMPLETAS
Neide Smolka

O RATO E A RÃ

Um rato da terra, para sua infelicidade, tornou-se amigo de uma rã. E a rã, premeditadamente, acorrentou a pata do rato à própria pata. Primeiro foram comer trigo na terra e, depois de se aproximarem da margem de uma lagoa, a rã jogou o rato no fundo da água, enquanto ela própria ficou brincando na água, gritando: "brekekekecs!". E o infeliz rato afogou-se e morreu, mas continuava emergindo, por estar preso à pata da rã. Um milhafre, ao ver isso, pegou o rato com suas garras. Mas a rã, presa pela corrente, seguiu-o e tornou-se ela também alimento para o milhafre.

Mesmo morta uma pessoa tem força para vingar-se, pois a justiça divina olha por tudo e sempre retribui com um castigo igual.

245. O NÁUFRAGO E O MAR

Um náufrago, lançado à praia, dormiu de cansaço. Depois de pouco tempo, ele acordou e, como visse o mar, pôs-se a censurá-lo, porque seduzia os homens com sua aparência tão tranquila, mas, quando os recebia, tornava-se selvagem e os destruía. O mar, tomando a forma de uma mulher, disse-lhe: "Meu caro, não me censures, mas sim aos ventos, pois eu, por natureza, sou tal como me vês agora. São eles que me atacam de imprevisto, me erguem e me tornam selvagem".

Ora, então, também nós não devemos responsabilizar os que cometem injustiça, quando são mandados por outros, mas sim aqueles que têm autoridade sobre eles.

246. OS JOVENS E O AÇOUGUEIRO

Dois jovens compravam carne no mesmo lugar. E, então, como o açougueiro estivesse ocupado em outro canto, um deles, roubando os miúdos, os jogava no peito do outro. Ao voltar, o açougueiro procurou pelos miúdos e acusou os dois. O que havia roubado a carne, jurou que não a tinha, e o que a tinha, jurou que não a pegara. Compreendendo a fraude, o açougueiro disse: "Ah! De mim, vocês podem escapar com um juramento falso, mas garanto que dos deuses não escaparão".

A fábula mostra que a blasfêmia do falso juramento é a mesma, qualquer que seja a forma como alguém engane.

247. O FILHOTE E O VEADO

Um dia, um filhote disse ao veado: "Pai, tu és maior e mais rápido que os cães e tens chifres maravilhosos com que te defendes. Por que, então, tens medo deles dessa forma?". E o veado, rindo, disse: "É verdade, meu filho, o que dizes, mas sabes que, quando ouço o latido de um cão, imediatamente eu me ponho a correr nem sei por quê".

A fábula mostra que para os covardes por natureza nenhuma exortação é forte.

248. O JOVEM ESBANJADOR E A ANDORINHA

Um jovem esbanjador, tendo consumido todo o seu patrimônio, restando-lhe apenas um manto, como viu uma andorinha que chegara antes da estação apropriada por julgar que já era verão, pensou que não precisaria mais do manto e levou-o para vender. Como, logo depois, sobreviesse um mau tempo e a atmosfera se tornasse muito fria, o jovem viu a andorinha morta de frio. Então lhe disse: "Ó, tu nos perdeste a ti e a mim".

A fábula mostra que tudo o que é feito fora do tempo é temerário.

249. O DOENTE E O MÉDICO

Um doente, inquirido pelo médico sobre como passava, disse que suava mais que o normal. E o médico disse: "Isso é bom". Numa segunda vez, questionado sobre como estava, disse que se sacudia todo por tremer de frio. E o médico disse: "Isso também é bom". Na terceira vez que o médico foi vê-lo e perguntou sobre sua doença, ele respondeu que sofria de diarreia. E, tendo dito "isso também é bom", o médico se retirou. Quando um dos parentes foi visitá-lo e lhe perguntou como estava, ele lhe disse: "Eu morro de tão bem".

Assim, muitos homens são considerados felizes pelos vizinhos que julgam de fora, apesar das coisas que lhes causam grande sofrimento.

250. O MORCEGO, A SARÇA E A GAIVOTA

Um morcego, uma sarça e uma gaivota, tendo feito uma sociedade, decidiram viver a vida de comércio. Então, o morcego tomou dinheiro emprestado para o negócio, a sarça conseguiu tecidos, e a gaivota, a terceira associada, comprou cobre. Lançaram-se ao mar. Aconteceu, porém, uma violenta tempestade, o barco naufragou, toda a carga foi perdida e só eles se salvaram. Depois disso, a gaivota sempre fica às bordas do mar para ver se, em algum lugar, o mar lhe devolve o cobre. O morcego, com medo dos credores, não aparece durante o dia e só sai para comer à noite. E, quanto à sarça, agarra-se às vestes dos passantes, procurando reconhecer em algum lugar os seus tecidos.

A fábula mostra que sempre voltamos para as coisas sobre as quais temos interesse.

251. O MORCEGO E AS DONINHAS

Um morcego, caído no chão, foi aprisionado por uma doninha e, como estava para ser morto, pediu para viver. Ela disse que não podia soltá-lo, pois, por natureza, era inimiga de todos os pássaros. O morcego argumentou que não era um pássaro, mas um rato, e foi solto. Pouco depois, caiu novamente e, aprisionado por outra doninha, pediu-lhe que não o comesse. Como esta dissesse que odiava todos os ratos, ele replicou, dizendo que não era um rato, mas um morcego, e novamente foi solto. E assim aconteceu que, mudando de nome duas vezes, conseguiu sua salvação.

A fábula mostra que não se deve usar sempre dos mesmos argumentos, julgando que, acomodando-se às circunstâncias, pode-se escapar várias vezes do mesmo perigo.

252. AS ÁRVORES E A OLIVEIRA

Um dia, as árvores discutiram sobre a eleição de um rei para elas e disseram à oliveira: "Reina sobre nós". E ela lhes respondeu: "Eu, renunciar ao óleo que tanto apreciam em mim o deus e os homens, para ir reinar sobre as árvores?". E disseram as árvores à figueira: "Vem, reina sobre nós". E replicou a figueira, ela também: "Eu, renunciar à doçura que há em mim e ao fruto excelente que produzo, para ir reinar sobre as árvores?". E disseram as árvores ao espinheiro: "Vem, reina sobre nós". E respondeu o espinheiro às árvores: "Se, na verdade, me untarem para ser rei de vocês, que venham, coloquem-se sob mim, como abrigo. Mas, se não, que saia fogo do meu espinho e que ele devore os cedros que vêm do Líbano".

253. O LENHADOR E HERMES

Um lenhador que cortava madeira perto do rio perdeu o machado. Então, não sabendo o que fazer, sentou-se à margem e pôs-se a chorar. E Hermes, ao tomar conhecimento do fato, sentiu pena do homem. Por isso, mergulhou, trouxe um machado de ouro e perguntou ao lenhador se o tinha perdido. Como o homem dissesse que não era aquele, Hermes imediatamente mergulhou e trouxe um de prata. O lenhador disse que aquele também não era o dele, e Hermes, mergulhando pela terceira vez, trouxe o machado do lenhador. O homem, então, disse-lhe que, na verdade, aquele era o machado que perdera. Hermes, encantado com sua honestidade, deu-lhe todos os machados. Tendo voltado para junto de seus companheiros, contou-lhes o ocorrido e um deles quis obter o mesmo. Foi para junto do rio, atirou de propósito seu machado na correnteza, sentou-se e pôs-se a chorar. Ora, apareceu-lhe Hermes e, tendo conhecimento do motivo de seu choro, mergulhou e, de igual forma, trouxe um machado de ouro e perguntou se era o que tinha caído. E como o lenhador, cheio de alegria, dissesse: "Sim, é ele, na verdade", o deus, com raiva de tal falta de vergonha, não só guardou o de ouro, mas não devolveu ao homem o próprio machado.

A fábula mostra que a divindade é favorável aos justos tanto quanto é hostil aos injustos.

OS VIAJANTES E O URSO

Dois amigos viajavam juntos pelo mesmo caminho, quando um urso apareceu-lhes de repente. O homem que ia na frente subiu numa árvore e lá se escondeu, e o outro, estando para ser apanhado, caiu ao chão e fingiu-se de morto. Quando o urso aproximou dele o focinho e o revirou de todos os lados, ele reteve a respiração, pois dizem que o urso não toca em animal morto. Depois que o urso se afastou, o homem que estava na árvore desceu e perguntou o que o urso lhe havia dito ao ouvido. E o outro disse: "Ele me aconselhou a não mais viajar daqui para frente com aqueles amigos que não ficam por perto na hora do perigo".

A fábula mostra que as desgraças põem à prova os verdadeiros amigos.

255. OS VIAJANTES E O CORVO

Um corvo que havia perdido um dos olhos encontrou-se com pessoas que viajavam a negócios. Como eles o vissem e um dos viajantes dissesse ao amigo que seria melhor voltarem, pois era o que vaticinava o presságio, o outro, tomando a palavra, disse: "E como este pássaro pode predizer-nos o futuro, ele que não previu a própria perda do olho para poder evitá-la?".

Assim, também entre os homens, os que são imprudentes quanto às suas próprias coisas também são malqualificados para aconselhar o próximo.

256. OS VIAJANTES E O MACHADO

Dois homens viajavam juntos. Como um deles encontrasse um machado, o outro disse: "Nós o encontramos". Mas o primeiro replicou que não dissesse "encontramos", e sim "encontraste". Depois de pouco tempo, foram alcançados por aqueles que haviam perdido o machado, e o homem que estava com o machado, sendo perseguido, disse ao companheiro: "Estamos perdidos". E aquele retrucou: "Não digas 'estamos perdidos', mas 'estou perdido', pois, quando encontraste o machado, não dividiste comigo o achado".

A fábula mostra que os que não têm sua parte nos sucessos, com certeza não serão amigos fiéis nas desgraças.

257. OS VIAJANTES E O PLÁTANO

Alguns viajantes, fatigados pelo calor do verão, refugiaram-se sob um plátano e deitaram-se à sua sombra para descansar. Mas, olhando para o plátano, diziam uns aos outros que, para os homens, tratava-se de uma árvore inútil, por ser estéril. E a árvore, tomando a palavra, disse: "Ó ingratos, embora se estejam aproveitando de minha boa ação, chamam-me de inútil e estéril".

Assim, também entre os homens, alguns se julgam infelizes a ponto de, até quando os vizinhos os ajudam, não acreditarem em seus favores.

258. OS VIAJANTES E AS URZES

Alguns viajantes que caminhavam à beira-mar chegaram a uma colina. De lá, como vissem ao longe urzes boiando, julgaram que era um grande navio de guerra que, pensaram, estava para atracar. Quando as urzes se aproximaram, levadas pelo vento, não pareciam mais ser um navio de guerra, mas um navio de carga. Finalmente, quando as plantas chegaram até a margem, eles viram que eram urzes e disseram uns aos outros: "Somos realmente tolos, por esperarmos algo que não era nada".

A fábula mostra que alguns homens que, por não serem conhecidos, nos pareciam temíveis, não são dignos de nada quando se aproximam para provar seu poder.

259. O VIAJANTE E A VERDADE

No deserto, um viajante encontrou uma mulher solitária com os olhos baixos e lhe disse: "Quem és?". Ela respondeu: "A Verdade". "E por que razão abandonaste a cidade e moras no deserto?". Ela respondeu: "Porque, nos tempos antigos, poucos eram os que mentiam, mas agora a mentira vive no meio de todos os homens, tanto quando ouvem como quando falam".

A vida se torna pior e mais penosa para os homens quando a mentira prevalece sobre a verdade.

260. O VIAJANTE E HERMES

Um viajante que tinha um longo caminho a percorrer prometeu que, se encontrasse alguma coisa, consagraria a Hermes a metade. Tendo encontrado um alforje, no qual havia amêndoas e tâmaras, pegou-o, julgando que nele havia prata. Tendo-o sacudido, viu o que continha e comeu tudo. Então, pegou as cascas das amêndoas e os caroços das tâmaras e colocou-os sobre um altar, dizendo: "Recebe, ó Hermes, minha promessa, pois dividi contigo o que estava fora e o que estava dentro do que encontrei".

A fábula aplica-se ao homem avarento que, por cobiça, usa de esperteza até contra os deuses.

261. O VIAJANTE E A SORTE

Um viajante, tendo percorrido um longo caminho, sentiu-se cansado e, deixando-se ficar ao lado de um poço, dormiu. Estava a ponto de cair no poço, quando a Sorte aproximou-se e acordou-o dizendo: "Ó amigo, caso tu tivesses caído, não seria por imprudência tua, mas a mim é que acusarias".

Assim, muitos homens, quando caem na desgraça por si mesmos, acusam os deuses.

262. OS BURROS FALANDO A ZEUS

Um dia, alguns burros, por sempre carregarem fardos e sofrerem de fadiga, enviaram emissários a Zeus, pedindo um fim aos seus sofrimentos. E este, querendo mostrar-lhes que isso era impossível, disse que eles se livrariam de sua infelicidade quando, urinando, conseguissem formar um rio. E até hoje os burros, tomando como verdadeiro o que ele dissera, sempre que encontram urina de burro urinam também no mesmo lugar.

A fábula mostra que o que está destinado a cada um é imutável.

263. O COMPRADOR DE BURRO

Uma pessoa que estava para comprar um burro pegou um deles para experimentar e, levando-o para junto dos seus próprios asnos, colocou-o perto da manjedoura. Ora, o animal, deixando os demais, ficou ao lado do mais preguiçoso e mais guloso. E, como nada fizesse, o dono colocou-o no cabresto e o devolveu ao proprietário. Como este lhe perguntasse se a experiência que tinha feito era suficiente, o comprador, tomando a palavra, disse: "Quanto a mim, não preciso de mais nenhuma experiência, pois sei que ele tem os mesmos hábitos de quem, entre todos, ele escolheu ficar perto".

A fábula mostra que uma pessoa é julgada tal como aqueles de quem gosta como companheiros.

264. O BURRO SELVAGEM E O BURRO DOMÉSTICO

Um burro selvagem, como visse um burro doméstico tomando sol, aproximou-se e o felicitou por sua constituição física e pelo proveito que tirava da forragem. Mas depois, ao vê-lo carregando um fardo, tendo atrás o asneiro que lhe batia com um cacete, disse: "Ah! Não mais te felicito, pois vejo que tens coisas em abundância, mas não sem grandes males!".

Assim, não é invejável o ganho acompanhado de perigos e sofrimentos.

265. O BURRO CARREGANDO O SAL

Um burro atravessava um rio carregando sal. Como escorregasse e caísse na água, o sal derreteu e tornou-se mais leve. Feliz com isso, quando certa vez passava novamente perto do rio carregando esponjas, acreditou que, se caísse de novo, também aquela carga se tornaria mais leve. Então, escorregou de propósito. Mas aconteceu-lhe que, como as esponjas absorveram a água, ele não pôde mais levantar-se e ali morreu afogado.

Assim, também alguns homens não percebem que se precipitam na desgraça por suas próprias artimanhas.

266. O BURRO LEVANDO A ESTÁTUA DE UM DEUS

Uma pessoa, tendo colocado uma estátua de um deus sobre um burro, conduziu-o para a cidade. Como todos os passantes se prosternassem diante da estátua, o burro, imaginando que se prosternavam para ele, encheu-se de orgulho e não queria mais andar para a frente. O asneiro, adivinhando o que acontecia, bateu-lhe com o cacete e disse: "Ah! Pobre de cabeça! Nada mais faltaria acontecer que um burro ser adorado pelos homens!".

A fábula mostra que os que se vangloriam com os bens de outrem expõem-se ao riso daqueles que os conhecem.

ESOPO
FÁBULAS COMPLETAS
Neide Smolka

O BURRO (TRAVESTIDO DE LEÃO) E A RAPOSA

Um burro, coberto com uma pele de leão, andava por todo lado amedrontando os animais irracionais. Então, ao ver uma raposa, tentou assustá-la também. Mas ela (que, com efeito, ouvira casualmente a voz dele) disse ao burro: "Ora, bem sabes que também eu teria medo de ti se não tivesse ouvido o teu zurrar".

Assim, algumas pessoas sem preparo que têm uma aparência muito cheia de pompa revelam não passar de qualquer um quando se traem na sua ânsia de falar.

O BURRO FELICITANDO O CAVALO

Um burro felicitava um cavalo por receber alimento em abundância e ser muito bem-tratado, enquanto ele próprio não tinha nem palha suficiente e sofria grandes males.

Mas, quando chegou o tempo da guerra, um soldado armado montou no cavalo e o conduziu por toda parte, tendo-o até mesmo lançado no meio dos inimigos, onde o animal foi ferido e morreu. Ao ver isso, o burro mudou de opinião e sentiu pena do cavalo.

A fábula mostra que não se deve invejar os chefes e os ricos, já que são alvo de cobiça e de perigo, e sim amar a pobreza.

269. O BURRO, O GALO E O LEÃO

Certa vez, um galo passava o dia com um burro. Como um leão atacasse o burro, o galo cantou e o leão (dizem, com efeito, que ele tem medo do canto do galo) fugiu. O burro, julgando que o leão fugira por temê-lo, não hesitou em persegui-lo. Quando o perseguia a uma distância que a voz do galo não mais alcançava, o leão voltou-se e o devorou. E o burro, já quase morrendo, dizia: "Infeliz e insensato eu sou, pois, não tendo pais guerreiros, por que razão parti para a guerra?".

A fábula mostra que muitos homens precipitam-se sobre inimigos que propositalmente se mostram fracos e, então, são mortos por eles.

270. O BURRO, A RAPOSA E O LEÃO

Um burro e uma raposa se associaram e foram para o campo. Como um leão se encontrasse em seu caminho, a raposa, prevendo perigo para eles, aproximou-se do leão e prometeu dar-lhe o burro se ele a deixasse ir em segurança. O leão prometeu que a libertaria, e a raposa levou o burro a cair numa emboscada. O leão, ao ver que o burro não poderia fugir, primeiro pegou a raposa e só depois se voltou para o burro.

Assim, os que preparam armadilhas para seus sócios não percebem que, muitas vezes, eles próprios também vão-se perder.

271. O BURRO E AS RÃS

Um burro, carregando uma carga de madeira, atravessava um mangue. Como escorregasse e caísse, sem que pudesse se erguer, pôs-se a gemer e a lamentar-se. As rãs do mangue, ao ouvir seus gemidos, disseram: "Ó amigo, o que farias se passasses aqui tanto tempo como nós, se, caído há pouco, gemes dessa forma?".

Aplicar-se-ia essa fábula a um homem fraco que se lastima das menores desgraças, enquanto nós outros suportamos com facilidade as maiores dores.

272. O BURRO E O MULO (CARREGANDO A MESMA CARGA)

Um burro e um mulo andavam juntos. E, então, o burro, ao ver que as cargas de ambos eram iguais, indignou-se e começou a se lastimar, pensando que o mulo, considerado digno de dupla ração, não carregava nada a mais que ele. Depois de terem andado um pouco, o asneiro, vendo que o burro não conseguia ir adiante, tirou-lhe parte da carga e a pôs no mulo. Quando ainda tinham muito pela frente, ao ver o burro ainda mais esgotado, de novo retirou parte da carga, até que pegou tudo, tirou do burro e pôs no mulo. Então, virando-se para o burro, disse o mulo: "Ó amigo, será que, para ti, não parece que eu mereço, com justiça, uma ração dupla?".

Assim, também quanto a nós, devemos julgar as condições de cada um não pelo começo, mas pelo fim.

ESOPO
FÁBULAS COMPLETAS
Neide Smolka

O BURRO E O JARDINEIRO

Um burro trabalhava para um jardineiro e, como comia pouco e trabalhava muito, suplicou a Zeus que o libertasse do jardineiro e que fizesse com que ele fosse vendido a outro dono. Zeus atendeu o burro e ordenou que ele fosse vendido a um fabricante de potes. Outra vez, o burro se sentia infeliz, trabalhando mais do que antes, tanto carregando argila como potes. Ora, novamente ele suplicou para mudar de dono e foi vendido a um curtidor, tendo passado então para um dono pior que os primeiros. Ao ver o que fazia, disse suspirando: "Ai de mim, infeliz! Para mim, melhor seria ter permanecido com os meus primeiros donos, pois este, segundo vejo, curtirá também a minha pele".

A fábula mostra que geralmente os serviçais sentem falta de seus primeiros senhores quando experimentam os outros.

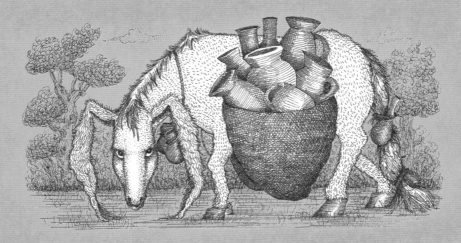

274. O BURRO, O CORVO E O LOBO

Um burro, tendo uma ferida nas costas, pastava em uma campina. Como um corvo pousasse sobre ele e lhe desse uma bicada na ferida, o burro, com a dor, zurrava e pulava. O asneiro que estava a distância começou a rir, e um lobo que passava o viu e disse a si mesmo: "Infelizes nós que, mal somos vistos, já somos perseguidos, e os que estão por perto ainda riem!".

A fábula mostra que os homens maus são reconhecidos não só pela própria cara, mas também à primeira vista.

275. O BURRO E O CÃOZINHO OU O CÃO E SEU DONO

Um homem tinha um cão-de-malta[57], com o qual um burro costumava brincar. Se o dono comia fora, sempre trazia alguma coisa para o cão e atirava o alimento quando o cão se aproximava e sacudia a cauda. Mas o burro, invejoso, correu até o dono e, pulando, deu-lhe um coice. Encolerizado, o homem ordenou que o burro fosse levado a pauladas e amarrado à manjedoura.

A fábula mostra que nem todos nascem para tudo.

276. O BURRO E O CÃO VIAJANDO JUNTOS

Um burro e um cão viajavam pelo mesmo caminho. Como encontrassem no chão uma carta lacrada, o burro pegou-a, rompeu o lacre e a leu, expondo o conteúdo de forma a ser entendido pelo cão. A carta, disse ele, era sobre forragem, pastagem, cevada e palha.

Ora, o cão, aborrecido, indispôs-se com a exposição do assunto pelo burro. E então disse àquele: "Vai mais embaixo, caríssimo, e procura se ela não trata também de carnes e ossos". E o burro percorreu tudo o que estava escrito e nada encontrou sobre o que o cão queria. Assim, novamente falou o cão: "Joga-a ao chão, já que no que encontraste, amigo, nada tem valor".

---

[57] Cão-de-malta era uma espécie de cão de pequeno porte que existia na Ilha Melita, no Mar Mediterrâneo.

277. O BURRO E O ASNEIRO

Um burro, conduzido por um asneiro, depois de andar algum tempo deixou o caminho plano e tomou outro escarpado. Como estivesse para cair em um precipício, o asneiro, pegando-o pela cauda, tentava fazê-lo voltar. Mas, como o burro puxasse no sentido oposto, o asneiro o largou e disse: "Vence, pois, embora venças uma péssima vitória".

A fábula aplica-se ao homem briguento.

278. O BURRO E AS CIGARRAS

Um burro, tendo ouvido algumas cigarras cantando (maravilhado com sua voz) e invejoso da harmonia que elas tinham, perguntou o que comiam para ter aquela voz. Como elas respondessem "orvalho", o burro ficou esperando pelo orvalho e morreu de fome.

Assim, também os que têm desejos que contrariam sua natureza não só não chegam a satisfazer-se, como também sofrem grandes males.

279. O BURRO (QUE JULGAVA SER UM LEÃO)

Um burro, coberto com uma pele de leão, passava por leão diante de todos e afugentava homens e feras. Mas como o vento, ao soprar, lhe tirasse a pele, o burro ficou nu. Então, todos avançaram contra ele e lhe bateram com cacetes e maças.

Sendo pobre e um simples mortal, não imites os grandes, para que não sejas ridicularizado nem corras perigo, pois não nos devemos apropriar do que nos é estranho.

280. O BURRO (COMENDO PALIÚRO) E A RAPOSA

Um burro comia a cabeleira picante de paliúros. Uma raposa o viu e lhe disse: "Como, então, com uma língua tão macia e tão mole, mastigas e comes uma comida tão dura?".

A fábula aplica-se àqueles cuja língua profere palavras duras e perigosas.

281. O BURRO (FINGINDO-SE DE COXO)

Um burro, pastando em um campo, fingiu-se de coxo ao ver um lobo avançar contra ele. Como o lobo se aproximasse dele e perguntasse a causa de ele ser coxo, disse que, atravessando uma paliçada, pisara sobre um espinho. Pediu-lhe, então, que primeiro lhe tirasse o espinho e, depois, poderia comê-lo sem se machucar. O lobo persuadiu-se e, enquanto levantava a pata do burro e voltava toda a sua atenção para o casco, o burro, com uma patada na boca do lobo, fez saltarem todos os seus dentes. E este, passando mal, disse: "Mas eu sofro merecidamente, pois, tendo aprendido com meu pai o trabalho de açougueiro, por que quis eu próprio tentar a medicina?".

Assim, também entre os homens, os que fazem algo que não sabem naturalmente caem em desgraça.

282. O CAÇADOR DE PÁSSAROS, OS POMBOS SELVAGENS E OS POMBOS DOMÉSTICOS

Um caçador de pássaros havia estendido as redes, nas quais havia colocado pombos domésticos. Depois, ele se afastou e, a distância, ficou observando o que acontecia. Como pombos selvagens se aproximassem dos aprisionados, ele correu para tentar pegá-los. Os selvagens puseram-se a acusar os domésticos, já que, sendo da mesma tribo, não os tinham prevenido da cilada. E os pombos domésticos responderam: "Mas, para nós, é melhor agradar aos nossos donos do que satisfazer nossos parentes".

Assim, também os serviçais não devem ser censurados quando, por amor aos seus donos, deixam de lado a amizade dos próprios familiares.

283. O CAÇADOR DE PÁSSAROS E A COTOVIA

Um caçador de pássaros colocava armadilhas para pássaros. Uma cotovia, tendo-o visto de longe, perguntou-lhe o que estava fazendo. Ele lhe respondeu que fundava uma cidade. Depois se afastou e se escondeu. A cotovia acreditou nas palavras do homem e ficou presa na rede. O caçador se aproximou, e ela disse: "Ó homem, se é assim que fundas uma cidade, não vais encontrar muitos habitantes para ela".

A fábula mostra que, na verdade, as casas e as cidades ficam vazias quando seus chefes são perversos.

284. O CAÇADOR DE PÁSSAROS E A CEGONHA

Um caçador de pássaros, tendo estendido redes para pegar grous, vigiava ao longe a caça. Como uma cegonha tivesse pousado entre os grous, ele correu e também a levou com ele. Quando a cegonha lhe suplicava que a soltasse, argumentando que não só não era prejudicial aos homens, mas até lhes era muito útil, pois se alimentava de cobras e outros répteis, o caçador respondeu: "Mas se não és de fato má, és digna, no entanto, de um castigo, porque estás entre eles, que são maus".

Pois bem, nós também devemos fugir da companhia dos maus, para que não pareçamos nós próprios cúmplices das maldades deles.

285. O CRIADOR DE PÁSSAROS E A PERDIZ

Um hóspede apresentou-se muito tarde à casa de um criador de pássaros e este, nada mais tendo a oferecer-lhe, aproximou-se de sua perdiz doméstica, tencionando matá-la.

Como a ave perguntasse por que era ingrato, se ela lhe era tão útil, chamando os pássaros de sua espécie e os entregando a ele, que agora ia matá-la, ele disse: "Mas é por isso mesmo que te sacrifico, considerando que nem os da tua própria espécie tu poupas".

A fábula mostra que os que traem seus parentes são odiados não só por suas vítimas, mas também por aqueles a quem as entregam.

A GALINHA E A ANDORINHA

Uma galinha, tendo encontrado ovos de uma serpente, pôs-se a chocá-los com cuidado e, depois de esquentá-los, ajudou-os a quebrar a casca. Uma andorinha que a tinha visto, disse: "Como és tola! Por que fazes crescer seres que, uma vez grandes, começarão em primeiro lugar a agir mal contra ti mesma?".

Assim, a maldade é persistente, mesmo quando recebe favores.

A GALINHA DE OVOS DE OURO[58]

Uma pessoa tinha uma galinha que punha ovos de ouro. Crendo que ela tinha dentro do ventre um monte de ouro, matou-a e viu que ela era igual às outras galinhas. Na esperança de encontrar toda a riqueza de uma só vez, ficou privado até de um pequeno ganho.

Deve-se ficar contente com o que se tem e evitar a cobiça insaciável.

[58] Nessa fábula há, como se pode ver, duas lições de moral, estando a primeira ligada ao texto da história. Deve ter havido erro da parte de um copista, erro seguido pelos demais, que teriam até criado uma nova lição de moral.

A CAUDA E O CORPO DA SERPENTE

Um dia, a cauda de uma serpente teve a pretensão de conduzi-la e ir à frente. O restante do corpo disse: "Como nos conduzirás, sem olhos nem nariz, como o resto dos animais?". Mas não a persuadiu, e o bom senso foi vencido. A cauda tomou o comando e levou o corpo, conduzindo-o às cegas até que, ao cair em um buraco cheio de pedras, a serpente foi ferida na espinha e em todo o corpo. Agitando-se, a cauda pôs-se a suplicar à cabeça, dizendo: "Salva-nos, por favor, senhora, pois agi mal tentando brigar contigo".

A fábula é oportuna para homens tolos e maus que se revoltam contra seus senhores.

A SERPENTE, A DONINHA E OS RATOS

Uma serpente e uma doninha brigavam numa casa. Os ratos dali, sempre devorados por uma ou por outra, saíram de seus buracos ao vê-las brigando. Diante dos ratos, ambas deixaram a briga e voltaram-se contra eles.

Assim, também nas cidades, os que se metem nas discussões dos demagogos não percebem que se perdem em relação aos dois partidos.

290. A SERPENTE E O CARANGUEJO

Uma serpente e um caranguejo viviam no mesmo lugar. O caranguejo se comportava com simplicidade e bondade em relação à serpente, mas ela era sempre dissimulada e perversa. Embora o caranguejo a exortasse a tratá-lo com decência e a imitá-lo em seu comportamento, ela não obedecia. Por isso, indignado, observando a serpente num momento em que ela dormia, agarrou-a pela garganta e a matou. Ao vê-la estendida e morta, disse: "Ó minha cara, tu não deverias estar direita agora, quando morta, mas quando eu te aconselhava. E assim não estarias morta!".

Com razão, dir-se-ia que essa fábula é oportuna àqueles homens que durante a vida são maus para com os amigos e só lhes prestam serviço quando morrem.

291. A COBRA PISADA E ZEUS

Uma serpente, pisada por muitos homens, foi queixar-se a Zeus sobre isso. E Zeus lhe disse: "Ora, se tivesses ferido o primeiro que te pisou, o segundo não teria tentado fazer isso".

A fábula mostra que os que revidam aos primeiros atacantes tornam-se temidos pelos demais.

292. A CRIANÇA QUE COME VÍSCERAS

Alguns pastores, sacrificando uma cabra no campo, chamaram os vizinhos, entre eles uma mulher pobre e seu filho. Enquanto a festa prosseguia, a criança, com o estômago cheio de carne, sentiu-se mal e disse: "Ó mãe, estou vomitando minhas vísceras!". E a mãe lhe respondeu: "Não as tuas, filho, mas as que comeste".

Essa fábula diz respeito a um homem devedor que está pronto a tomar o bem alheio, mas, quando vêm reclamá-lo, aflige-se tanto como se tivesse de dar o que lhe pertence.

293. A CRIANÇA (CAÇANDO GAFANHOTOS) E O ESCORPIÃO

Uma criança caçava gafanhotos diante dos muros da cidade. Depois de ter apanhado muitos, viu um escorpião e, julgando que fosse um gafanhoto, uniu as mãos em concha para pegá-lo. Mas o escorpião, levantando seu ferrão, disse: "Com efeito, tomara que tivesses feito isso, para que também perdesses os gafanhotos que prendeste".

Essa fábula ensina que não se deve comportar-se da mesma forma com os bons e com os maus.

294. A CRIANÇA E O CORVO

Uma mulher interrogou os adivinhos sobre seu filho de pouca idade, e eles predisseram que o menino seria morto por um corvo. Por isso, com medo, ela fez construir uma arca muito grande e o fechou lá dentro, a fim de evitar que a criança fosse atacada. E todo dia, em determinadas horas, abria a arca e dava à criança o alimento necessário. Um dia, quando ela abriu a arca e levantou a tampa, a criança, imprudentemente, pôs a cabeça para fora. Então aconteceu que a tampa encurvada da arca, ao bater no alto da cabeça da criança, matou-a.

O FILHO E O LEÃO (PINTADO)

Um velho medroso, que tinha um único filho, corajoso e amante da caça, viu, em sonho, o rapaz sendo morto por um leão. Com medo de que o sonho se realizasse de fato, fez construir no andar de cima um cômodo magnífico, onde instalou o filho. Para distraí-lo, mandara pintar no cômodo todo tipo de animais, entre os quais um leão. E, ao ver a figura, mais aumentava a tristeza do moço. Um dia, parado perto do leão, disse: "Ó animal selvagem, é por tua causa e por causa do sonho mentiroso de meu pai que estou nesta prisão para mulheres[59]. Nem sei o que eu poderia fazer-te!". E, assim dizendo, bateu com força a mão na parede para arrebentar o olho do leão. Mas uma farpa entrou sob sua unha, causou muita dor e inflamou até transformar-se num tumor.

Queimando em febre, o moço depressa perdeu a vida. O leão, embora sendo uma pintura, matou-o e de nada serviu o artifício do pai.

Na verdade, as coisas que estão para acontecer a alguém devem ser aceitas com coragem, e não se devem armar estratagemas, pois, com efeito, disso não se escapará.

---

[59] As casas gregas, geralmente, eram construídas de forma que, no térreo, ficavam os homens e, no primeiro andar, as mulheres. Isso era feito para que eles pudessem impedir que elas saíssem de casa. Daí a relação entre o cômodo construído no alto e o rapaz comentar que está numa "prisão para mulheres". As mulheres gregas, a não ser as cortesãs, só podiam sair de casa em duas ocasiões: em enterros e nas Festas Dionisíacas.

296. O MENINO LADRÃO E SUA MÃE

Um menino, tendo roubado na escola as tabuinhas[60] de seu colega, levou-as a sua mãe. Como esta não só não o castigasse, mas ainda o elogiasse, numa segunda vez ele roubou um manto e lhe trouxe. Ainda mais ela o elogiou e, passado o tempo, já moço, praticava roubos maiores. Um dia, porém, foi preso em flagrante e, com as mãos atadas às costas, foi levado ao carrasco. Como sua mãe o acompanhasse e batesse no peito[61], ele lhe disse que queria falar-lhe algo ao ouvido. E, tão logo ela se aproximou dele, ele abocanhou o lóbulo de sua orelha e o arrancou com os dentes. Quando ela o censurou por sua impiedade, pois, não contente com os erros já cometidos, também mutilava sua mãe, ele, tomando a palavra, disse: "Ora, se, quando te trouxe a primeira tabuinha que havia roubado, tu me tivesses batido, eu não teria chegado ao ponto que cheguei e não seria conduzido para a morte".

A fábula mostra que o que desde o início não é reprimido torna-se cada vez maior.

---

[60] Nas escolas gregas, as crianças escreviam em tabuinhas de argila usando estiletes de metal.
[61] Forma grega de lamentação.

297. A CRIANÇA QUE TOMAVA BANHO

Um dia, uma criança, tomando banho em um rio, estava quase se afogando. Como visse um viajante, gritou por socorro. E aquele pôs-se a censurar a criança por sua imprudência. Mas o jovenzinho lhe disse: "Agora me socorre e depois, quando eu estiver salvo, poderás censurar-me".

A fábula refere-se àqueles que dão eles mesmos os motivos para sofrerem injustiças.

298. O GUARDADOR DE DEPÓSITO E O JURAMENTO

Uma pessoa, tendo recebido um depósito de um amigo, planejava apossar-se dele. E, então, como aquele o chamasse para prestar juramento, ele decidiu fugir para o campo.

Quando chegou às portas da cidade, viu um coxo saindo e perguntou-lhe quem era e para onde ia. O coxo lhe respondeu que era o Juramento [Horco[62]] e que ia combater os ímpios. O homem lhe perguntou então de quanto em quanto tempo ele costumava voltar às cidades. E aquele disse: "Ao final de quarenta anos e, algumas vezes, trinta". No dia seguinte, o homem jurou, sem hesitar, que não recebera nenhum depósito. Mas encontrou o Juramento, que o pegou para atirar no precipício, e nesse momento o homem lhe perguntou por que ele lhe dissera que voltava em trinta anos e nem sequer um dia em segurança lhe havia dado. E o Juramento, tomando a palavra, disse: "Quando alguém está para me contrariar, tenho por hábito voltar no mesmo dia".

A fábula mostra que a punição divina não tem dia determinado para os ímpios.

---

[62] Horco era o protetor dos juramentos e aparece personificado na Teogonia, obra de Hesíodo (século VIII a.C.). Entre os gregos era costume, quando alguém não cumpria um juramento, ser atirado do alto de um precipício.

299. O PAI E AS FILHAS

Um homem que tinha duas filhas havia dado uma em casamento a um jardineiro e a outra, a um oleiro. Passado algum tempo, foi até a mulher do jardineiro e lhe perguntou como estava e em que situação se encontravam seus negócios. E ela lhe disse que tudo ia bem e que tinha apenas uma coisa a pedir aos deuses: que mandassem tempestade e chuva, para molhar os legumes. Não muito depois, foi à mulher do oleiro e lhe perguntou como ia, ao que ela respondeu que não precisava de outras coisas exceto tempo claro e sol, para que a louça de barro secasse. O pai, então, lhe disse: "Se tu pedes bom tempo e tua irmã tempo ruim, com qual de vocês duas devo suplicar?".

Assim, os que, ao mesmo tempo, empreendem trabalhos contrários, com certeza fracassam em ambos.

300. A PERDIZ E O HOMEM

Um homem, tendo caçado uma perdiz, ia matá-la. Ela, porém, pôs-se a suplicar, dizendo: "Deixa-me viver e, da minha parte, farei com que caces muitas perdizes". Mas ele disse: "Por isso mesmo devo sacrificar-te, porque queres pegar com armadilhas teus camaradas e amigos".

Aquele que trama maquinações contra seus amigos cairá ele próprio em armadilhas perigosas.

301. A POMBA SEDENTA

Uma pomba com sede, como visse água em um vaso pintado em um quadro, acreditou que fosse real. Por isso, atirou-se violentamente contra o quadro e sem querer feriu-se. Aconteceu-lhe então que, com as asas quebradas, caiu ao chão e foi capturada.

Assim, alguns homens, arrastados pela violência da paixão, empreendem seus negócios sem consideração e não percebem que caminham eles próprios para a perdição.

302. A POMBA E A GRALHA

Uma pomba, alimentada em um pombal, alardeava sua fecundidade. Ao ouvir suas palavras, uma gralha disse: "Ah! minha cara, para de vangloriar-te disso, pois, quanto mais filhos gerares, mais vais deplorar pombos escravizados".

Assim, também entre os servos, os mais infelizes são aqueles que têm mais filhos na escravidão.

303. OS DOIS ALFORJES

Um dia, Prometeu, tendo plasmado os homens, colocou no pescoço deles dois alforjes, um com os males alheios e outro com os próprios. No peito deixou o alforje com os males alheios e nas costas pôs o outro. Disso resultou que os homens veem os defeitos dos outros sem dificuldade, mas não percebem os seus próprios.

Poder-se-ia aplicar essa fábula a um homem indiscreto que, cego quanto aos seus próprios negócios, se mete naqueles com os quais nada tem que ver.

304. O MACACO E OS PESCADORES

Um macaco, pendurado em uma árvore alta, ficou observando como os pescadores atiravam a rede no rio. Quando eles deixaram lá a rede e se afastaram um pouco para comer, ele desceu da árvore e pôs-se a imitá-los, pois, dizem, esse animal gosta de imitar. Mas ficou preso nas redes e, quase se afogando, disse a si mesmo: "Ah! sofro merecidamente, pois não deveria ter ido pescar se não aprendi a fazer isso".

A fábula mostra que pôr as mãos em algo que não se conhece não só não leva a nada, mas também é prejudicial.

ESOPO
FÁBULAS COMPLETAS
Neide Smolka

O MACACO E O DELFIM

É costume, em viagens por mar, levar cães-de-malta e macacos, que servem como distração durante a viagem. Assim, uma pessoa que navegava tinha consigo um macaco. Quando chegaram a Súnião, promontório da Ática, caiu uma violenta tempestade e o navio naufragou, mas todos se salvaram nadando, inclusive o macaco. Ao vê-lo, um delfim tomou-o por um homem, colocou-se embaixo dele e o transportou à terra firme.

Quando chegou ao Pireu, porto marítimo de Atenas, perguntou ao macaco se ele era ateniense. Como o outro confirmasse, acrescentando que ali tinha até parentes ilustres, o delfim perguntou se ele conhecia também o Pireu. Supondo que o delfim falasse de um homem, o macaco disse que Pireu era até um grande amigo seu. E o delfim, indignado com tal mentira, jogou-o na água e o afogou.

A fábula é para homens que, não conhecendo a verdade, julgam poder enganar.

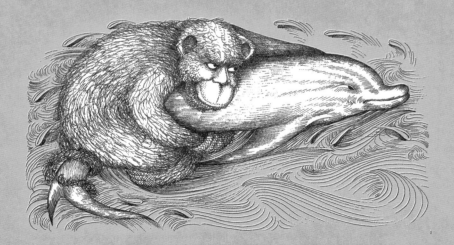

306. O MACACO E O CAMELO

Em uma assembleia de animais irracionais, um macaco levantou-se e pôs-se a dançar. Como fosse apreciado e aplaudido por todos, um camelo invejoso quis receber os mesmos aplausos. Por isso levantou-se e também tentou dançar. Mas seus gestos eram desengonçados, e os animais, indignados, puseram-no para fora, batendo-lhe com cacetes.

A fábula aplica-se aos que, por inveja, rivalizam com outros melhores que eles.

307. OS FILHOTES DA MACACA

Dizem que as macacas geram dois filhotes e que amam e alimentam com cuidado um deles e odeiam e deixam de lado o outro. Ora, acontece que, por fatalidade divina, aquele tratado com carinho morre abraçado pela força da mãe, e o outro, negligenciado, cresce perfeito.

A fábula mostra que a sorte é mais forte do que qualquer previsão.

308. OS NAVEGANTES

Um navio que viajava em alto-mar deparou com uma violenta tempestade e estava a ponto de naufragar. Um dos navegantes pôs-se a rasgar as vestes e a implorar aos deuses de seus pais com lágrimas e gemidos, prometendo oferecer sacrifícios como prova de seu reconhecimento, se salvassem o navio. Cessou a tempestade e seguiu-se a calmaria.

Tomados de satisfação, os passageiros do navio começaram a pular como pessoas que tivessem escapado do perigo. Então, o comandante, de ânimo forte, lhes disse: "Amigos, assim nos alegremos, mas certos de que, se a sorte quiser, a tempestade pode voltar".

A fábula ensina que não se deve ter orgulho excessivo dos sucessos, mas pensar na inconstância da sorte.

309. O RICO E O CURTIDOR

Um homem rico foi morar perto de um curtidor e, como não pudesse suportar o mau cheiro, empenhava-se sem cessar para desalojar o outro. O curtidor sempre adiava a mudança, dizendo que partiria em breve. Passado algum tempo, como houvesse discussão constante, o rico acostumou-se com o cheiro e não mais importunou o curtidor.

A fábula mostra que o hábito também acalma as coisas difíceis de suportar.

310. O RICO E AS CARPIDEIRAS

Um homem rico tinha duas filhas, e uma delas morreu. A outra, então, disse à mãe: "Que infelicidade, quando penso que não sabemos fazer lamentações, enquanto aquelas pessoas que nada representam para nós se batem e choram". A mãe, tomando a palavra, respondeu: "Mas não te admires, filha, se elas fazem lamentações tão comoventes, pois é por dinheiro que o fazem".

Assim, alguns homens, por interesse, não hesitam em especular as desgraças alheias.

311. O PASTOR E O MAR

Um pastor que conduzia seu rebanho pela beira do mar notou a calmaria das águas e resolveu navegar para fazer comércio. Ora, tendo vendido os cordeiros, comprou tâmaras e partiu navegando. Como ocorresse forte tempestade e o navio estivesse em perigo de afundar, o homem jogou toda a carga ao mar e, desse modo, com grande dificuldade, conseguiu se salvar com o navio vazio. Depois de não poucos dias, um homem passou e ficou admirando a calma do mar (que, por acaso, estava tranquilo).

O pastor, tomando a palavra, disse: "Ó bom homem, ele ainda deseja tâmaras, por isso se mostra tranquilo".

A fábula mostra que os acidentes constituem lições para os homens.

312. O PASTOR E O CÃO (QUE ACARICIAVA AS OVELHAS)

Um pastor que possuía um cão enorme tinha por hábito jogar-lhe os restos de ovelhas nascidas mortas e de cordeiros. Ora, um dia, ao chegar, o pastor viu o cão aproximar-se dos cordeiros e acariciá-los. Então lhe disse: "Oh! meu caro, que aquilo que tu desejas para eles caia sobre tua cabeça!".

A fábula é oportuna para o homem adulador.

313. O PASTOR E OS LOBACHOS

Um pastor, tendo encontrado lobachos, tratou deles com todo o cuidado, pensando que, quando crescessem, não só cuidariam de seus próprios cordeiros, mas também roubariam os dos outros e os trariam para ele. E os lobachos, como crescessem depressa, na primeira oportunidade segura destruíram o rebanho dele. E, como o pastor assistisse a isso, disse gemendo: "Quanto a mim, sofro merecidamente; com efeito, por que os salvei quando eram pequenos, se teria de matá-los quando crescessem?".

Os que salvam os maus não percebem que, antes de tudo, os estão fortalecendo.

314. O PASTOR E O LOBO (ALIMENTADO COM OS CÃES)

Um pastor, tendo encontrado um lobo recém-nascido, levou-o e o alimentou junto com seus cães. Já crescido, ele partia junto com os cães para perseguir um lobo que tivesse roubado um cordeiro. E se os cães sozinhos não conseguiam pegar o lobo e retornavam, ele ia ao encalço do ladrão até pegá-lo e, apesar de ser também um lobo, tomava sua parte da presa. Mas se os lobos não apanhassem um cordeiro que havia saído do estábulo, ele próprio o matava às escondidas e o comia junto com os cães, até que o pastor, adivinhando e compreendendo o que se passava, matou-o e o pendurou em uma árvore.

A fábula mostra que uma natureza má não resulta em bom caráter.

315. O PASTOR E O FILHOTE DE LOBO

Um pastor encontrou um filhote de lobo e o criou. Quando o filhote se tornou um lobacho, ensinou-o a roubar cordeiros da vizinhança. O lobo, uma vez treinado, disse: "Agora, como me acostumaste a roubar, cuida para que não fiques sem muitos dos teus próprios cordeiros".

Os temíveis por natureza, tendo aprendido a tirar vantagens e roubar, muitas vezes prejudicam seus próprios mestres.

316. O PASTOR E OS CORDEIROS

Um pastor, tendo conduzido seus cordeiros a um bosque de carvalhos, viu um grande carvalho carregado de bolotas, estendeu o manto sob ele, subiu na árvore e sacudiu seus frutos. Os cordeiros puseram-se a comer as bolotas e, sem perceber, comeram também o manto. O pastor, ao descer e ver o que acontecera, disse: "Ó animais malvados, vocês dão aos outros a lã para vestir-se e de mim, que os alimento, me tiram até o manto!".

Assim, entre os homens, muitos, por ignorância, fazem favores àqueles a quem nada devem e se conduzem de modo vil quanto aos seus familiares.

317. O PASTOR (QUE INTRODUZIU UM LOBO NO CURRAL) E O CÃO

Um pastor, ao recolher seus cordeiros no curral, teria fechado com eles também um lobo, se seu cão, ao perceber o que ocorria, não lhe tivesse dito: "Como, se queres os cordeiros do rebanho vivos, deixas entrar com eles este lobo?".

A aliança com os maus é capaz de causar os maiores prejuízos e mesmo a morte.

318. O PASTOR QUE GOSTAVA DE BRINCAR

Um pastor que levava seu rebanho a lugares distantes da aldeia costumava se distrair com a seguinte brincadeira: chamava os habitantes da vila aos gritos pedindo socorro, dizendo que lobos atacavam seus cordeiros. Por duas ou três vezes as pessoas da aldeia saíam correndo para ajudá-lo, mas voltavam sentindo-se logradas. Finalmente, aconteceu que apareceram lobos de verdade. Enquanto eles pilhavam o rebanho, o pastor chamava os vizinhos pedindo socorro, mas, imaginando que era mais uma brincadeira do pastor, pouco se preocuparam. E assim lhe aconteceu perder os cordeiros.

A fábula mostra que os mentirosos não ganham nada a não ser o descrédito, mesmo quando dizem a verdade.

319. O DEUS DA GUERRA E A VIOLÊNCIA

Todos os deuses se casaram, cada qual tomando sua mulher de acordo com a sorte. Ao deus da guerra, tendo ficado em último lugar, só restava a Violência. Profundamente apaixonado por ela, casou-se. E a acompanha a qualquer lugar aonde ela vá. Onde quer que esteja a violência, na cidade ou entre as nações, a guerra e os combates a acompanham de perto.

320. O RIO E A PELE

Um rio, tendo visto uma pele de boi levada por suas águas, perguntou: "Como te chamas?". E ela disse: "Dura". E ele, precipitando sobre ela sua correnteza, disse: "Procura ter outro nome, pois eu já te farei ficar mole".

O homem audacioso e orgulhoso muitas vezes é jogado ao chão pelas tristezas da vida.

321. O CORDEIRO TOSADO

Um cordeiro, enquanto era tosado sem cuidado, disse àquele que o tosava: "Se é a minha lã que queres, corta mais alto, mas se desejas a minha carne, mata-me de uma vez e para de torturar-me aos poucos".

A fábula se aplica àqueles que são inabilidosos em seu comportamento profissional.

322. PROMETEU E OS HOMENS

Prometeu, por ordem de Zeus, modelou os homens e as feras. Mas Zeus, tendo visto que os animais irracionais eram em número muito maior, ordenou que ele acabasse com um certo número deles, transformando-os em homens. Como o deus executasse a ordem, sucedeu que aqueles que não tinham sido modelados como homens desde o começo passaram a ter a forma de homens mas o ânimo de feras.

A fábula se aplica ao homem ignorante e brutal.

323. A ROSA E O AMARANTO

Um amaranto que crescia ao lado de uma rosa disse: "Que bela flor tu és! És as delícias dos deuses e dos homens! Eu te felicito por tua beleza e por teu perfume!". E a rosa disse: "Mas eu, ó amaranto, vivo por pouco tempo e, mesmo que ninguém me colha, feneço. E tu floresces e vives assim sempre jovem!".

É melhor viver contentando-se com pouco do que viver um pouco no luxo e depois sofrer mudança de sorte e até mesmo morrer.

324. A ROMÃZEIRA, A MACIEIRA, A OLIVEIRA E A SARÇA

Uma romãzeira, uma macieira e uma oliveira discutiam sobre a qualidade de seus frutos. Como a disputa se animasse bastante, uma sarça que escutava da cerca vizinha disse: "Minhas amigas, cessemos mais uma vez de discutir".

Quando há divergência entre os melhores cidadãos, também os que não são dignos de nada tentam parecer importantes.

325. A TROMBETA

Uma trombeta que soava o toque de reunir foi presa pelos inimigos e começou a gritar: "Não me matem, homens, inutilmente e sem razão, pois não matei nenhum de vocês. Com efeito, a não ser esse cobre, nada mais possuo". E eles responderam: "Pois por isso mesmo tu deves morrer, porque tu, não podendo lutar, excitas todos ao combate".

A fábula mostra que os que excitam os poderosos maus e cruéis são os que mais mal fazem.

326. A TOUPEIRA E SUA MÃE

Uma toupeira, que é um animal cego, disse à mãe que estava enxergando. E aquela, para tirar a prova, deu-lhe um grão de incenso e lhe perguntou o que era. Como ela dissesse que era uma pedrinha, a mãe falou: "Minha filha, não só és privada de visão, mas também perdeste o olfato".

Assim, também alguns fanfarrões prometem até o impossível e demonstram sua impotência nos casos mais simples.

327. O JAVALI E A RAPOSA

Um javali, parado perto de uma árvore, afiava suas presas. Como uma raposa lhe perguntasse por que fazia aquilo, se não estava ameaçado por nenhum caçador e nenhum perigo, o javali disse: "Não é inutilmente que faço isso, pois, se um perigo me surpreender, então não terei tempo de afiá-las, enquanto, desse modo, estarão prontas para que eu as use".

A fábula mostra que é preciso prevenir-se antes do perigo.

328. O JAVALI, O CAVALO E O CAÇADOR

Um javali e um cavalo usavam o mesmo pasto. Como a todo instante o javali destruísse a erva e turvasse a água, o cavalo, querendo vingar-se dele, procurou a ajuda de um caçador. Mas o homem disse que não poderia ajudá-lo, a não ser que ele aceitasse um freio e o colocasse ele próprio às costas. O cavalo submeteu-se a tudo. O caçador, montado nele, pôs o javali fora de combate e, levando o cavalo consigo, atou-o à manjedoura.

Do mesmo modo, muitas pessoas, por cólera irracional, ao querer vingar-se dos inimigos, caem sob o jugo de outros.

329. A PORCA E A CADELA (INJURIANDO UMA À OUTRA)

Uma porca e uma cadela injuriavam-se mutuamente. A porca jurava por Afrodite que ia dilacerar a cadela com seus dentes. E a cadela, com ironia, respondeu-lhe: "Fazes bem de jurar contra nós em nome de Afrodite. Com efeito, pareces ser muito amada por ela, que jamais permite que entre em seu templo aquele que comeu de tua carne impura". E a porca: "Ora, isso é uma prova a mais de que a deusa me ama, pois repudia absolutamente quem me mata ou me maltrata de qualquer modo que seja. Quanto a ti, entretanto, cheiras mal, tanto viva quanto morta".

A fábula mostra que os oradores sensatos transformam jeitosamente em elogio as injúrias de seus inimigos.

330. AS VESPAS, AS PERDIZES E O LAVRADOR

Algumas vespas e perdizes, levadas pela sede, procuraram um lavrador e lhe pediram água, prometendo em troca fazer-lhe um favor: as perdizes cavariam a vinha e as vespas dariam voltas ao redor para afugentar os ladrões com seus ferrões. Mas o lavrador respondeu: "Eu tenho dois bois que fazem tudo sem precisar prometer nada. Então, é melhor dar esse serviço a eles do que a vocês".

A fábula é para os homens corruptos que prometem prestar serviço, mas causam grandes prejuízos.

331. A VESPA E A COBRA

Uma vespa pousou sobre a cabeça de uma cobra e a toda hora a atormentava, picando-a com seu ferrão. A cobra, sentindo dor e não tendo como atacar o inimigo, pôs sua cabeça sob a roda de um carro e, desse modo, morreu juntamente com a vespa.

A fábula mostra que alguns preferem morrer juntamente com seus inimigos.

332. O TOURO E AS CABRAS SELVAGENS

Um touro, perseguido por um leão, refugiou-se em um antro em que havia cabras selvagens. Batido e chifrado por elas, disse: "Se suporto as suas pancadas, não é por medo de vocês, mas daquele que está na entrada da caverna".

Assim, muitos, por medo dos mais fortes, suportam até maus-tratos dos mais fracos.

O PAVÃO E O GROU

Um pavão fazia pouco de um grou, criticando sua cor e dizendo que "enquanto eu sou vestido de ouro e púrpura, tu não tens nada de belo em tuas asas". E disse o grou: "Mas eu canto bem perto dos astros e voo até o mais alto do céu, e tu, como um galo, andas no chão junto de outras aves".

É melhor ser ilustre sob uma veste pobre do que viver sem glória, apesar de orgulhoso de sua riqueza.

O PAVÃO E O GAIO

Como os animais deliberassem sobre a escolha de um rei, o pavão queria ser eleito por sua beleza. As aves iam votar nele, quando um gaio disse: "Mas e se, quando fores rei, uma águia nos caçar? Como nos socorrerás?".

A fábula mostra que não devem ser censurados aqueles que, prevendo perigos iminentes, tomam precauções.

A CIGARRA E A RAPOSA

Uma cigarra cantava em uma árvore alta. Uma raposa, querendo devorá-la, imaginou um artifício. Parada à sua frente, pôs-se a admirar a sua voz e convidou-a a descer, dizendo que desejava ver de perto o animal que possuía tão bela voz. E a cigarra, supondo tratar-se de uma emboscada, arrancou uma folha e a jogou. A raposa correu, pensando que fosse a cigarra, mas esta lhe disse: "Tu te enganas, minha cara, ao acreditares que eu desceria, pois eu me previno em relação às raposas desde que vi asas de cigarra no estrume de uma raposa".

As desgraças dos vizinhos servem de ensinamento para os homens sensatos.

A CIGARRA E AS FORMIGAS

No inverno, as formigas estavam fazendo secar o grão molhado, quando uma cigarra, faminta, lhes pediu algo para comer. As formigas lhe disseram: "Por que, no verão, não reservaste também o teu alimento?". A cigarra respondeu: "Não tinha tempo, pois cantava melodiosamente". E as formigas, rindo, disseram: "Pois bem, se cantavas no verão, dança agora no inverno".

A fábula mostra que não se deve negligenciar em nenhum trabalho, para evitar tristezas e perigos.

A MURALHA E A CAVILHA

Uma muralha, quebrada violentamente por uma cavilha, pôs-se a gritar: "Por que me quebras, se nada te fiz de mal?". E ela disse: "Não sou eu a culpada disso, mas quem me empurra violentamente por trás".

338. O ARQUEIRO E O LEÃO

Um hábil arqueiro subiu em uma montanha para caçar. Todos os animais fugiram, menos o leão, que o incitou ao combate. O homem, tendo lançado a seta e atingido o leão, lhe disse: "Esta é minha mensageira; depois eu próprio irei contra ti". E o leão, ferido, pôs-se em fuga. Como uma raposa, entretanto, lhe dissesse para não ter medo e não fugir, disse-lhe o leão: "Jamais tu me enganarás, pois, se a mensageira é assim tão cruel, o que farei quando vier ele mesmo?".

É no princípio que se devem examinar as consequências, para então assegurar o restante.

339. O BODE E A VINHA

Um bode comia os bagos brotados da vinha. E a vinha lhe disse: "Por que me prejudicas? Não há mais erva verde? De minha parte, da mesma forma fornecerei vinho em quantidade quando fores sacrificado".

Essa fábula se aplica aos ingratos e desejosos de roubar seus amigos.

340. AS HIENAS

Dizem que as hienas mudam de natureza a cada ano, sendo alternadamente machos e fêmeas. Ora, certa vez, uma hiena macho tomou em relação à hiena fêmea uma postura que contrariava a natureza. E esta lhe disse: "Ó amigo, faze isso agora e logo sofrerás o mesmo".

Com certeza, isso poderia ser dito por alguém que está para suceder o chefe atual e vai sofrer da parte dele alguma indignidade.

341. A HIENA E A RAPOSA

Dizem que as hienas mudam de natureza a cada ano, sendo alternadamente machos e fêmeas. Ora, ao ver uma raposa, a hiena censurou-a por rejeitá-la como amiga. E a raposa, tomando a palavra, disse: "Não é a mim que deves censurar, mas à natureza, segundo a qual não sei se terei uma amiga ou um amigo".

Para o homem ambíguo.

342. A PORCA E A CADELA (SOBRE A FECUNDIDADE)

Uma porca e uma cadela discutiam sobre fecundidade. Como a cadela dissesse que ela era, entre os quadrúpedes, a que tinha gestação mais rápida, a porca retrucou: "Mas, ao dizer isso, reconhece que geras cegos".

A fábula mostra que um trabalho é julgado não por sua rapidez, mas pelo resultado de sua execução.

343. O CAVALEIRO CALVO

Um homem calvo que usava peruca saiu em seu cavalo. De repente, o vento começou a soprar e a arrancou. Uma gargalhada espalhou-se entre os presentes. E ele, parando o cavalo, disse: "O que há de estranho que cabelos que não são meus me abandonem, se aqueles que eu possuía, com os quais nasci, também me abandonaram?".

Ninguém deve se afligir com uma desgraça que o abate, pois o que não se tem por natureza desde o nascimento, não permanece: nus viemos e nus seremos levados.

O AVARENTO

Um avarento, tendo transformado toda a sua fortuna em ouro, fez um lingote e o enterrou num lugar onde também enterrou seu espírito e seu coração. Todos os dias ele ia ali ver seu tesouro. Ora, um trabalhador, tendo-o observado e tomado conhecimento do que acontecia, desenterrou o lingote e o levou. Quando o avarento voltou e deparou com o buraco vazio, começou a gemer e a arrancar os cabelos. Uma pessoa, ao vê-lo lamentar-se assim, perguntou-lhe a causa e em seguida lhe disse: "Não te desesperes dessa forma, meu caro, pois mesmo quando tinhas o ouro, tu na verdade não o tinhas. Pega então uma pedra, coloca-a no lugar do ouro e imagina que é ouro, pois ela vai servir-te do mesmo modo. Com efeito, segundo vejo, quando havia ouro tu não fazias uso do que possuías".

A fábula mostra que a posse não é nada se não se aproveita dela.

345. O FERREIRO E O CÃOZINHO

Um ferreiro tinha um cão e, enquanto ele forjava, o cão dormia. Quando ele comia, o cão ficava por perto. O homem, então, atirou-lhe um osso e disse: "Ó infeliz dorminhoco, quando trabalho com a bigorna, tu dormes, mas quando movimento meus dentes, imediatamente tu acordas".

A fábula se aplica aos dorminhocos e preguiçosos que vivem do trabalho alheio.

346. O INVERNO E A PRIMAVERA

O Inverno, certa vez, fazia pouco da Primavera e a insultava, dizendo que tão logo ela aparecia ninguém mais tinha sossego: um ia aos prados e bosques, onde se aprazia colhendo flores, lírios ou rosas, fazendo-os girar diante de seus olhos ou colocando-os nos cabelos; outro embarcava e atravessava o mar, se quisesse visitar outros homens. E ninguém se preocupava com ventos nem com o aguaceiro. "Quanto a mim", disse, "pareço um chefe ou um déspota, pois eu quero que olhem não para o céu, mas aqui para baixo, para a terra, e que temam e tremam e se resignem a ficar o dia inteiro em casa". "É por isso", disse a Primavera, "que os homens se livram de ti com prazer. Quanto a mim, para eles até o meu nome parece belo e, por Zeus, o mais belo de todos os nomes, de tal forma que, quando eu desapareço, lembram-se de mim e ficam plenos de alegria."

ESOPO
FÁBULAS COMPLETAS
Neide Smolka

347. A ANDORINHA E O DRAGÃO

Uma andorinha que havia feito seu ninho em um tribunal saiu e, enquanto isso, surgiu um dragão sorrateiro e devorou os filhotes. Quando ela voltou e encontrou o ninho vazio, gemeu tomada de dor. Como uma outra andorinha viesse para consolá-la, dizendo que ela não era a única a ter a infelicidade de perder os filhotes, ela retrucou: "Mas eu, neste caso, choro não tanto pelos meus filhotes, mas pelo fato de ter deixado isso acontecer exatamente no local em que os injustiçados encontram socorro".

A fábula mostra que muitas vezes as desgraças se tornam mais penosas de suportar quando vêm daqueles de quem menos se espera.

348. A ANDORINHA E A GRALHA (DISCUTINDO SOBRE SUA BELEZA)

Uma andorinha e uma gralha discutiam sobre sua beleza. Em resposta ao que dizia a andorinha, a gralha falou: "Mas tua beleza só floresce na primavera, enquanto meu corpo desafia até mesmo o inverno".

A fábula mostra que o prolongamento da vida é melhor do que a beleza.

A ANDORINHA E OS PASSARINHOS

Como um cogumelo acabasse de brotar, uma andorinha, sentindo o perigo que ameaçava os pássaros, reuniu todos eles e os aconselhou, primeiro, a cortar os cogumelos dos carvalhos e, se lhes fosse impossível, refugiar-se junto aos homens e suplicar-lhes para não usarem da força do visgo do cogumelo para apanhá-los. Os pássaros se riram dela, julgando-a tola, e ela apresentou-se aos homens como suplicante. Eles a receberam em consideração à sua inteligência e lhe deram lugar em suas casas.

Aconteceu, assim, que os demais pássaros foram apanhados e comidos pelos homens e só a andorinha, sua protegida, fez o ninho, sem medo, na casa deles.

A fábula mostra que os que preveem o futuro escapam naturalmente dos perigos.

350. A ANDORINHA PRETENSIOSA E A GRALHA

Uma andorinha disse à gralha: "Eu sou virgem, ateniense, princesa e filha do rei de Atenas", e contou como Tereu[63] a havia maltratado e cortado a língua. E a gralha exclamou: "O que farias se tivesses língua, se sem língua já contas tantas vantagens?".

De tanto mentir, os pretensiosos acabam por falar mal de si próprios.

351. A TARTARUGA E A ÁGUIA

Uma tartaruga pediu a uma águia que a ensinasse a voar. Embora esta lhe mostrasse que ela, por natureza, estava longe de poder voar, a tartaruga ainda mais lhe implorou. Então, tendo-a tomado em suas garras, a águia levantou-a no ar e depois a largou. A tartaruga caiu sobre rochedos e despedaçou-se.

A fábula mostra que muitos, querendo rivalizar com outros, apesar de sábios conselhos, prejudicam a si próprios.

---

[63] Tereu, casado com Procnê, filha do rei de Atenas, raptara sua cunhada Filomena. Para vingar-se, Procnê aliou-se a Filomena e serviu a seu marido os membros de seu próprio filho. Como punição divina, os três personagens, Tereu, Procnê e Filomena, foram transformados em três pássaros, respectivamente: poupa, andorinha e rouxinol.

A TARTARUGA E A LEBRE

Uma tartaruga e uma lebre discutiam sobre qual era a mais rápida. E, então, marcaram um dia e um lugar e se separaram. Ora, a lebre, confiando em sua rapidez natural, não se apressou em correr, deitou-se no caminho e dormiu. Mas a tartaruga, consciente de sua lentidão, não parou de correr e, assim, ultrapassou a lebre que dormia e chegou ao fim, obtendo a vitória.

A fábula mostra que, muitas vezes, o trabalho vence os dons naturais, quando estes são negligenciados.

OS PATOS E OS GROUS

Patos e grous ciscavam em uma mesma campina. Quando surgiram caçadores, os grous, leves, voaram, e os patos, atrasados pelo peso de seu corpo, foram apanhados.

Assim, também entre os homens, quando uma guerra acontece, os pobres mudam-se facilmente de uma cidade para outra e conservam a liberdade, mas os ricos, pelo excessivo peso de suas riquezas, são aprisionados.

354. OS POTES

Um pote de barro e um de cobre eram levados pelo rio. E o de barro foi dizendo ao de cobre: "Nada longe de mim e não perto, pois eu quebrarei se me tocares e o mesmo acontecerá, embora eu não queira, se eu te tocar".

Não é segura a vida de um pobre que tem por vizinho alguém ávido de poder.

355. O PAPAGAIO E A GATA

Um homem, tendo comprado um papagaio, deixava-o viver pela casa. E o papagaio, por ser domesticado, tinha por hábito saltar sobre a lareira, pousar ali e emitir sons de modo agradável. Uma gata, ao vê-lo, perguntou quem ele era e de onde vinha. O papagaio disse: "O meu dono acaba de me comprar". "Então, animal atrevido", disse a gata, "como gritas assim, quando a mim, nascida na casa, meus donos não me permitem miar e, se alguma vez faço isso, irritam-se e me atiram para fora?". "Ó dona da casa, vá passear, pois não há comparação em como os nossos donos aceitam a minha voz e a tua!"

A fábula aplica-se ao homem malévolo que sempre está pronto a criticar os outros.

356. A PULGA E O ATLETA

Um dia, uma pulga saltou e pousou no dedo do pé de um atleta doente e, sempre saltando, deu-lhe uma mordida. O atleta, encolerizado, preparou as unhas para esmagar a pulga. Mas ela, como é de sua natureza, deu um salto, fugiu e escapou de morrer. O atleta, suspirando, disse: "Ó Héracles, se é assim que me ajudas contra uma pulga, o que devo esperar quando se tratar de meus adversários?".

A fábula nos ensina que não devemos chamar os deuses para picuinhas ou coisas inofensivas, mas para maiores necessidades.

A PULGA E O HOMEM

Um dia, uma pulga incomodava um homem sem parar. Então, ele a pegou e gritou: "Quem és tu que comes todos os meus membros, picando-me a torto e a direito?". Ela respondeu: "É assim a nossa vida. Não me mates, pois não posso fazer um grande mal".

O homem começou a rir e lhe disse: "Vais morrer já e por minhas próprias mãos, pois, qualquer que seja o mal, pequeno ou grande, o fato é que ele não deve continuar existindo".

A fábula mostra que não convém ter complacência com o mal, seja grande ou pequeno.

A PULGA E O BOI

Um dia, uma pulga perguntou ao boi o seguinte: "Por que, na verdade, sofrendo, serves o dia inteiro aos homens, se és maior e mais corajoso? Eu, de minha parte, dilacero sem piedade a carne deles e bebo seu sangue à vontade". E ele: "Sou grato à raça humana, pois sou amado por ela e querido de uma forma extraordinária e muitas vezes sou alisado na cabeça e nos quartos". E ela replicou: "Ai de mim, pois, se para ti esse alisamento é sinal de amizade, para mim é a pior das infelicidades, quando por acaso isso me acontece".

Os que se gabam com palavras são atingidos até por um homem simples.

BIBLIOGRAFIA

BAILLY, A. *Dictionnaire grec-français*. Paris: Librairie Hachette, 1950.

CATAUDELLA, Quintino. *Historia de la literatura griega*. Trad. do italiano por Ana María Saavedra. Barcelona: Iberia, 1954.

CHAMBRY, Émile. *Aesopi: fabulae*; texto crítico (grego-latim). Paris: Les Belles Lettres, 1925.

___. *Ésope: fables*; texto bilíngue (grego-francês). Paris: Les Belles Lettres, 1967.

FÁBULAS de La Fontaine. São Paulo: Edigraf (1945). 3 t.

HUMBERT, Jules; BERGUIN, Henri. *Histoire illustrée de la littérature grecque*. Paris: Didier, 1947.

LAVEDAN, Pierre. *Dictionnaire illustré de la mythologie et des antiquités grecques et romaines*. Paris: Librairie Hachette, 1931.

LEGRAND, Ph-E. *Herodote: livre II*. Paris: Les Belles Lettres, 1948. cap. 134.

LEONI, G. D. *A literatura de Roma*; esboço histórico da cultura latina, com uma antologia de trechos traduzidos. 8. ed. São Paulo: Nobel, 1967. p. 243-244.

LODEIRO, José. *Traduções dos textos latinos*. 11. ed. Rio de Janeiro: Globo, 1954. p. 69-121.

MITOLOGIA. São Paulo: Abril Cultural, 1973. v. 3, p. 746-747.

MONTEIRO LOBATO, J. B. *Fábulas e histórias diversas*. São Paulo: Brasiliense, 1956. 319 p. (Obras completas de Monteiro Lobato. Literatura infantil. v. 15.)

SMOLKA, Neide. "O papel do oráculo na vida grega." *Língua e literatura*. n. 1, p. 173-184. São Paulo: USP, 1972.

ESOPO
FÁBULAS COMPLETAS
Neide Smolka

AS 250 FÁBULAS DE ESOPO

1. Os bens e os males — 13
2. O mercador de estátuas — 13
3. A águia e a raposa — 14
4. A águia e o escaravelho — 15
5. A águia, a gralha e o pastor — 16
6. A águia (com as penas arrancadas) e a raposa — 17
7. A águia (ferida por uma flecha) — 17
8. O rouxinol e o gavião — 17
9. O rouxinol e a andorinha — 18
10. O ateniense devedor — 18
11. O negro — 18
12. O gato e o galo — 19
13. O gato e os ratos — 19
14. O gato e as galinhas — 20
15. A cabra e o cabreiro — 20
16. A cabra e o burro — 20
17. O cabreiro e as cabras selvagens — 21
18. A escrava feia e Afrodite — 21
19. Esopo no estaleiro — 22
20. Os dois galos e a águia — 22
21. Os galos e a perdiz — 23
22. Os pescadores e o atum — 23
23. Os pescadores (que pescaram uma pedra) — 23
24. O pescador que toca flauta — 24
25. O pescador (e os grandes e pequenos peixes) — 24
26. O pescador e o picarel — 25
27. O pescador (que bate na água) — 25
28. A alcíone — 25
29. As raposas (à beira do meandro) — 26
30. A raposa com a barriga inchada — 26
31. A raposa e a sarça — 26
32. A raposa e o cacho de uvas — 27
33. A raposa e o dragão — 27

34. A raposa e o lenhador 28
35. A raposa e o crocodilo 28
36. A raposa e o cão 28
37. A raposa e a pantera 29
38. A raposa e o macaco (eleito rei) 29
39. A raposa e o macaco (discutindo sobre sua nobreza) 29
40. A raposa e o bode 30
41. A raposa sem cauda 31
42. A raposa (que nunca vira um leão) 31
43. A raposa e a máscara 32
44. Homens (dois discutindo sobre deuses) 32
45. O assassino 32
46. O homem que promete coisas impossíveis 33
47. O homem medroso e os corvos 33
48. O homem (mordido por uma formiga) e Hermes 33
49. O homem e a mulher (rabugenta) 34
50. O trapaceiro 34
51. O fanfarrão 35
52. O homem grisalho e suas mulheres 35
53. O náufrago 36
54. O cego 36
55. O mentiroso 37
56. O carvoeiro e o cardador 37
57. Os homens e Zeus 38
58. O homem e a raposa 38
59. O homem e o leão (viajando juntos) 38
60. O homem e o sátiro 39
61. O homem que quebrou uma estátua 40
62. O homem que encontrou um leão de ouro 40
63. O urso e a raposa 40
64. O lavrador e o lobo 41
65. O astrônomo 41
66. As rãs (que pedem um rei) 42
67. As rãs (vizinhas) 42
68. As rãs (no lago) 43

ESOPO
FÁBULAS COMPLETAS
Neide Smolka

69. A rã (médica) e a raposa — 43
70. Os bois e o eixo — 43
71. Os bois (três) e o leão — 44
72. O boiadeiro e Héracles — 44
73. Bóreas e o Sol — 45
74. O boiadeiro e o leão — 46
75. O canário e o morcego — 46
76. A gata e Afrodite — 47
77. A gata e a lima — 47
78. O velho e a morte — 48
79. O velho e a águia — 48
80. O velho e os cães — 49
81. O lavrador e a serpente (que lhe matara o filho) — 49
82. O lavrador e a serpente congelada — 49
83. O lavrador e seus filhos — 50
84. O lavrador e a sorte — 50
85. O lavrador e a árvore — 51
86. Os filhos do lavrador (desunidos) — 51
87. A velha e o médico — 52
88. A mulher e o homem (bêbedo) — 52
89. A mulher e as servas — 53
90. A mulher e a galinha — 53
91. A mulher mágica — 54
92. A novilha e o boi — 54
93. O caçador covarde e o lenhador — 54
94. O porco e os cordeiros — 55
95. Os delfins, as baleias e o gujão — 55
96. O orador Demades — 55
97. Diógenes e o calvo — 56
98. Diógenes em viagem — 56
99. Os carvalhos e Zeus — 57
100. Os lenhadores e o pinheiro — 57
101. O abeto e a sarça — 57
102. O veado (na fonte) e o leão — 58
103. O veado e a vinha — 59

104.	O veado e o leão (em um antro)	59
105.	O veado caolho	60
106.	O cabrito (dentro de casa) e o lobo	60
107.	O cabrito e o lobo (que toca flauta)	60
108.	Hermes e o escultor	61
109.	Hermes e a terra	61
110.	Hermes e Tirésias	62
111.	Hermes e os artesãos	62
112.	O carro de Hermes e os árabes	63
113.	O eunuco e o sacrificador	63
114.	Os dois inimigos	64
115.	A víbora e a raposa	64
116.	A víbora e a lima	64
117.	A víbora e a hidra	65
118.	Zeus e o pudor	65
119.	Zeus e a raposa	66
120.	Zeus e os homens	66
121.	Zeus e Apolo	67
122.	Zeus e a serpente	67
123.	Zeus e o tonel de bens	67
124.	Zeus, Prometeu, Atena e Momo	68
125.	Zeus e a tartaruga	68
126.	Zeus juiz	69
127.	O Sol e as rãs	69
128.	A mula	70
129.	Héracles e Atena	70
130.	Héracles e Pluto	70
131.	O herói	71
132.	O atum e o delfim	71
133.	O médico (ignorante)	72
134.	O médico e o doente	72
135.	O milhafre e a serpente	73
136.	O milhafre que relincha	74
137.	O caçador de passarinhos e a áspide	74
138.	O cavalo velho	74

139.	O cavalo, o boi, o cão e o homem	75
140.	O cavalo e o cavalariço	75
141.	O cavalo e o asno	76
142.	O cavalo e o soldado	76
143.	O caniço e a oliveira	77
144.	O camelo (que defecou no rio)	77
145.	O camelo, o elefante e o macaco	78
146.	O camelo e Zeus	78
147.	O camelo dançador	78
148.	O camelo visto pela primeira vez	79
149.	Os dois escaravelhos	80
150.	O caranguejo e a raposa	80
151.	O caranguejo e sua mãe	81
152.	A nogueira	81
153.	O castor	81
154.	O jardineiro (regando legumes)	82
155.	O jardineiro e o cão	82
156.	O tocador de cítara	83
157.	O tordo	83
158.	Os ladrões e o galo	84
159.	O estômago e os pés	84
160.	O gaio e a raposa	84
161.	O gaio e os corvos	85
162.	O gaio e os pássaros	85
163.	O gaio e os pombos	86
164.	O gaio que escapou	86
165.	O corvo e a raposa	87
166.	O corvo e Hermes	87
167.	O corvo e a cobra	88
168.	O corvo doente	88
169.	A cotovia com crista	88
170.	A gralha e o corvo	89
171.	A gralha e o cão	89
172.	Os caracóis	89
173.	Um cisne (tomado por ganso)	90

174.	O cisne (e seu dono)	91
175.	Os dois cães	91
176.	Os cães famintos	91
177.	O homem mordido por um cão	92
178.	O cão (convidado) ou o homem e o cão	92
179.	O cão (de combate e os outros cães)	93
180.	O cão, o galo e a raposa	93
181.	O cão e o molusco	94
182.	O cão e a lebre	94
183.	O cão e o açougueiro	94
184.	O cão (dormindo) e o lobo	95
185.	O cão que levava a carne	96
186.	O cão com a sineta	97
187.	O cão (perseguindo um leão) e a raposa	97
188.	O mosquito e o leão	98
189.	O mosquito e o touro	99
190.	As lebres e as raposas	99
191.	As lebres e as rãs	100
192.	A lebre e a raposa	101
193.	A gaivota e o milhafre	101
194.	A leoa e a raposa	101
195.	A realeza do leão	102
196.	O leão (envelhecido) e a raposa	102
197.	O leão (preso) e o lavrador	103
198.	O leão (apaixonado) e o lavrador	103
199.	O leão, a raposa e o veado	104
200.	O leão, o urso e a raposa	106
201.	O leão e a rã	106
202.	O leão e o delfim	107
203.	O leão e o javali	107
204.	O leão e a lebre	107
205.	O leão, o lobo e a raposa	108
206.	O leão e o rato (reconhecido)	109
207.	O leão e o jumento	110
208.	O leão e o burro (caçando juntos)	110

ESOPO
FÁBULAS COMPLETAS
Neide Smolka

209.	O leão, o burro e a raposa	111
210.	O leão, Prometeu e o elefante	111
211.	O leão e o touro	112
212.	O leão (enraivecido) e o veado	112
213.	O leão (que tem medo de rato) e a raposa	112
214.	O bandido e a amoreira	113
215.	Os lobos e os cães (em guerra uns contra os outros)	113
216.	Os lobos e os cães (reconciliados)	114
217.	Os lobos e os cordeiros	114
218.	Os lobos, os cordeiros e o carneiro	115
219.	O lobo (contente com sua própria sombra) e o leão	115
220.	O lobo e a cabra	116
221.	O lobo e o cordeiro	116
222.	O lobo e o cordeirinho (refugiado em um templo)	117
223.	O lobo e a velha	117
224.	O lobo e a garça	118
225.	O lobo e o cavalo	118
226.	O lobo e o cão	119
227.	O lobo e o leão	119
228.	O lobo e o burro	119
229.	O lobo e o pastor	120
230.	O lobo (saciado) e o cordeiro	120
231.	O lobo (ferido) e o cordeiro	121
232.	A lâmpada	121
233.	O adivinho	121
234.	As abelhas e Zeus	122
235.	O criador de abelhas	122
236.	Os menagirtas	122
237.	Os ratos e as doninhas	123
238.	A mosca	123
239.	As moscas	124
240.	A formiga	124
241.	A formiga e o escaravelho	124
242.	A formiga e a pomba	125
243.	O rato do campo e o rato da cidade	126

244. O rato e a rã 127
245. O náufrago e o mar 128
246. Os jovens e o açougueiro 128
247. O filhote e o veado 128
248. O jovem esbanjador e a andorinha 129
249. O doente e o médico 129
250. O morcego, a sarça e a gaivota 129
251. O morcego e as doninhas 130
252. As árvores e a oliveira 130
253. O lenhador e Hermes 131
254. Os viajantes e o urso 132
255. Os viajantes e o corvo 133
256. Os viajantes e o machado 133
257. Os viajantes e o plátano 133
258. Os viajantes e as urzes 134
259. O viajante e a verdade 134
260. O viajante e Hermes 134
261. O viajante e a sorte 135
262. Os burros falando a Zeus 135
263. O comprador de burro 135
264. O burro selvagem e o burro doméstico 136
265. O burro carregando o sal 136
266. O burro levando a estátua de um deus 136
267. O burro (travestido de leão) e a raposa 137
268. O burro felicitando o cavalo 138
269. O burro, o galo e o leão 139
270. O burro, a raposa e o leão 139
271. O burro e as rãs 140
272. O burro e o mulo (carregando a mesma carga) ... 140
273. O burro e o jardineiro 141
274. O burro, o corvo e o lobo 142
275. O burro e o cãozinho ou o cão e seu dono 142
276. O burro e o cão viajando juntos 142
277. O burro e o asneiro 143
278. O burro e as cigarras 143

ESOPO
FÁBULAS COMPLETAS
Neide Smolka

279. O burro (que julgava ser um leão) 143
280. O burro (comendo paliúro) e a raposa 144
281. O burro (fingindo-se de coxo) 144
282. O caçador de pássaros, os pombos selvagens e os pombos domésticos 144
283. O caçador de pássaros e a cotovia 145
284. O caçador de pássaros e a cegonha 145
285. O criador de pássaros e a perdiz 145
286. A galinha e a andorinha 146
287. A galinha de ovos de ouro 146
288. A cauda e o corpo da serpente 147
289. A serpente, a doninha e os ratos 147
290. A serpente e o caranguejo 148
291. A cobra pisada e Zeus 148
292. A criança que come vísceras 148
293. A criança (caçando gafanhotos) e o escorpião 149
294. A criança e o corvo 149
295. O filho e o leão (pintado) 150
296. O menino ladrão e sua mãe 151
297. A criança que tomava banho 152
298. O guardador de depósito e o juramento 152
299. O pai e as filhas 153
300. A perdiz e o homem 153
301. A pomba sedenta 153
302. A pomba e a gralha 154
303. Os dois alforjes 154
304. O macaco e os pescadores 154
305. O macaco e o delfim 155
306. O macaco e o camelo 156
307. Os filhotes da macaca 156
308. Os navegantes 156
309. O rico e o curtidor 157
310. O rico e as carpideiras 157
311. O pastor e o mar 158
312. O pastor e o cão (que acariciava as ovelhas) 158

189

313. O pastor e os lobachos 159
314. O pastor e o lobo (alimentado com os cães) 159
315. O pastor e o filhote de lobo 159
316. O pastor e os cordeiros 160
317. O pastor (que introduziu um lobo no curral) e o cão 160
318. O pastor que gostava de brincar 160
319. O deus da guerra e a violência 161
320. O rio e a pele 161
321. O cordeiro tosado 161
322. Prometeu e os homens 161
323. A rosa e o amaranto 162
324. A romãzeira, a macieira, a oliveira e a sarça 162
325. A trombeta 163
326. A toupeira e sua mãe 163
327. O javali e a raposa 163
328. O javali, o cavalo e o caçador 164
329. A porca e a cadela (injuriando uma à outra) 164
330. As vespas, as perdizes e o lavrador 165
331. A vespa e a cobra 165
332. O touro e as cabras selvagens 165
333. O pavão e o grou 166
334. O pavão e o gaio 167
335. A cigarra e a raposa 167
336. A cigarra e as formigas 168
337. A muralha e a cavilha 168
338. O arqueiro e o leão 169
339. O bode e a vinha 169
340. As hienas 169
341. A hiena e a raposa 170
342. A porca e a cadela (sobre a fecundidade) 170
343. O cavaleiro calvo 170
344. O avarento 171
345. O ferreiro e o cãozinho 172
346. O inverno e a primavera 172
347. A andorinha e o dragão 173

ESOPO
FÁBULAS COMPLETAS
Neide Smolka

348. A andorinha e a gralha (discutindo sobre sua beleza) ... 173
349. A andorinha e os passarinhos ... 174
350. A andorinha pretensiosa e a gralha ... 175
351. A tartaruga e a águia ... 175
352. A tartaruga e a lebre ... 176
353. Os patos e os grous ... 176
354. Os potes ... 177
355. O papagaio e a gata ... 177
356. A pulga e o atleta ... 177
357. A pulga e o homem ... 178
358. A pulga e o boi ... 179

Bibliografia ... 180